D1726518

Krippen Symbolik

Auf den Spuren der Weihnachtskrippe

von Peter Schrettl

Über allen Märchen und Winterträumen
steht die große, stille, geheimnisvolle
Wahrheit der einen Nacht,
„Der Weihnacht"!

Fotografie und Bilder:
Seite 1 Gloriole Bruno Wolfsfellner, 7 Scherenschnitt Herold Verlag 1960, 12 Futtertrog Alte Papierkrippe, Tschechien, 13 Geburt Christi 1470, Karte SOS Kinderdorf Foto: Holder /Zefa, 19 Bekleidete Kirchenkrippe, Anbetung d. Hirten, KK Ranten/Murau Steir., VK - Museum, Graz, 23 Bacher Walter TVKM, 24 3 Könige 1470 Öster. Galerie, Foto: Otto Wien, 30 Nikolausgartl, Brandauer Toni, Kuchl, 36 Krippenaufstellen Zaunrieth Salzburg 35774, 42 Papier Georg Haller, TVKM, 52 Verk. Maria, Alte Post-Kartensammlung: C.H.A.G.K., 53 Herbergsuche F. Seelos Cum appr.eccl. SV 1072, 54 Verk. A. die Hirten, Alte Postkartensammlung: C.H.A.G.K. 54 Anbetung der Hirten, Alte Post-Kartensammlung: Stengl Dresden, 29816, 55 Besuch der Könige, Alte Post-Kartensammlung: 1935 BR 9210, 56 Flucht Alte Post-Kartensammlung: 1932, 60 Hl. Familie, Alte Post-Kartensammlung: 1914, 61 Nazareth Alte Post-Kartensammlung: 1918, 62 Christkind, Alte Post-Kartensammlung: Belgien, 63 Maria m Kind, Alte Papierkrippe, Tschechien, 65 Josef Alte Papierkrippe, Tschechien, Volggeger Peter, 71 Hirten auf dem Felde Israel Foto: by Garo Nalbandian, 72 Hirten Alte Papierkrippe, Tschechien, 73 Hirte Alte Papierkrippe, Tschechien, 75 Königszug Alte Post-Kartensammlung: Prag, 76 Könige Alte Papierkrippe, Tschechien 79 Engel m. Schleife, Alte Papierkrippe, Tschechien, 80 Engel Alte Papierkrippe, Tschechien, 81 Engel, Alte Post-Kartensammlung: 1918, 82 Bachlechner Eigenverlag 1928, 86 Brunnenfrau, Alte Papierkrippe, Tschechien, 87 Hirte Alte Papierkrippe, Tschechien, 89 2x Hirten Alte Papierkrippe, Tschechien, 90 Lammträger Papierkrippe Oberkofler 1950, 93 Bergwerksarbeiter Alte Papierkrippe, Tschechien, 94 Jäger Alte Papierkrippe, Tschechien, 95 Kraxenträger Alte Papierkrippe, Tschechien, 96 Holzsammler Papierkrippe Oberkofler 1950, 97 Hirt Papierkrippe Oberkofler 1950, 98 Brunnenfrauen Alte Papierkrippe, Tschechien, 99 Franziskus Alte Papierkrippe, Tschechien, 100 Dudelsack, Alte Papierkrippe, Tschechien, 103 Ochs, Alte Papierkrippe, Tschechien, 104 Esel Alte Papierkrippe, Tschechien, 105 Schaf Alte Papierkrippe, Tschechien, 106 Hirt Bachlechner, Eigenverlag 1928, 107 Ziege, Alte Papierkrippe, Tschechien, 108 Hund Verlag Müller München 1930, 110 Pferd Papierkrippe Raika, 111 Kamel Papierkrippe Raika, 112 Elefant Heinrich Kluibenschedl 1849-1929 TVKM - Tyrolia, 126 Rose von Jericho, Barbara Strolz, 132 König Papierkrippe Raika, 133 Engel Alte Post-Kartensammlung: 1918, 137 Gloriole Heinrich Kluibenschedl 1849-1929 TVKM - Tyrolia, 146 Landschaft Alte Post-Kartensammlung: 1918, 149 Liederbuch ELR Reutlingen 461, 163 Bethlehem Israel Foto: by Palphot, 164 Hirtenfeld Israel Foto by Palphot, 165 Nazareth Israel Foto: by Uvachrom 1936, 166 Nazareth Israel Foto: by Palphot, 167 See Genezareth Israel Foto: by Palphot 169, Jordan Alte Post-Kartensammlung: 1918, 172 Anbetung der Hirten Verlag Müller München 1930, 173 Verk. Hirten Verlag Müller München 1930, 175 Gute Hirte Monachil 1953, 176 Könige Verlag Müller München 1930, 184 Hirten Alte Papierkrippe, Tschechien, 190 König Mohr Alte Papierkrippe, Tschechien, 193 Jesukind Alte Post-Kartensammlung: 1919
Alle Doppelseiten: Bruno Wolfsfellner, Wörgl - Titelbild: Schuldedarf - Lehrmittel, 1930

Konzeption und Gesamtherstellung:
mg-design, werbeagentur - wildschönau; www.mg-design.at

Druck und Bindung: überreuter print und digimedia gmbh.

Erschienen im Eigenverlag Peter Schrettl, Achleit 216, 6300 Angerberg
www.krippenwerkstatt-tirol.at

1. Auflage 2006, Printed in Austria
ISBN 3-9502207-0-4   ISBN 978-3-9502207-0-4

Hast du schon gespürt wie stark die
Krippe ist, wie klein und winzig du
großer Mensch davor bist.
Sie zwingt dich zur Stille,
du kannst dich nicht wehren,
du musst einfach glauben
und das Kindlein verehren!

Meiner Familie zum Dank
und allen Krippenfreunden zur Freude

Aus dem Inhalt

Aus dem Inhalt

Aus dem Inhalt

Das Wesentliche ist mit den Augen nicht sichtbar,
das Wesentliche ist nur mit dem Herzen spürbar.

Zur Einstimmung

" *Wenn du nimma glabst an Wunder, und gnuag hast vom Rummel dieser Zeit, wenn du nix mehr hoit'st vom kaft'n Plunder, nutz a moi die Gelegenheit und geh Krippenschaug'n. Das ist der schönste Brauch im Land, und ist in jedem Dorf bekannt. Da zoag da jeda Krippeler gern, wo die schönst'n Krippenberg steh'n. Wo Maria, Josef und der himmlische Bua, mit den Hirt'n steh'n, und Ochs und Esel dazua. Da lass wandern die Aug'n über all die schönen Sach'n, nacha hörst a glei die Engl, die singen und a Musig mach'n. Und Goas gibt's, Schafl und Kinig sogar, die gehör'n alle zur heiligen Krippenschar. Aber, warum san's denn so stad und friedlich heut? Ei ja, es is ja Weihnachtszeit!* **"**

Das Weihnachtsgeschehen im Scherenschnitt

7

Krippenschauen, ein alter Tiroler Brauch

In der Advent- und Weihnachtszeit gibt es in unserem Land noch den schönen Brauch „Das Krippenschaug'n ". Besonders in den sogenannten Krippendörfern hat sich seit Generationen diese Gastfreundlichkeit erhalten. Man freut sich, wenn echte Krippeler an die Türe klopfen, um Krippen zu schauen, denn in der Weihnachtszeit dreht sich alles um die Krippe. Die meisten Besucher wissen diese besondere Gastfreundlichkeit der Krippenbesitzer auch sehr zu schätzen. Wir können daher stolz sein, dass man in unserem Land Tirol so viele Krippenschätze noch ohne weiteres besichtigen darf. Alte Krippenberge, die mit Liebe seit Generationen gehortet wurden, und jene die alle Jahre neu gebaut und aufgestellt werden und in der Weihnachtszeit nicht nur in der Familie, sondern vielen Krippenliebhabern Weihnachtsfreude schenken.

„Krippenschauga" zu Besuch

Advent

Wenn mit dem Flackern der ersten Adventkerze alljährlich die Weihnachtsstimmung in unseren Stuben und in unsere Herzen einzieht, wird am ersten Adventsonntag bereits in vielen Familien die Hauskrippe aufgestellt. In dieser scheinbar ruhigen Zeit sitzt man gerne mit Freunden beisammen, gemütlich bei gebratenen Kastanien und von Zimt duftendem Glühwein. Ein bisschen Weihrauch kann man schon riechen und gerade als Krippeler mag man in einer solchen vorweihnachtlichen Atmosphäre einen Krippenhoangart.

Da wird viel geredet. Von der neuen Krippe etwa, die man gerade noch rechtzeitig gebaut hat, von einer Figur, die man glücklicherweise neu erstanden hat, oder gar von einem selbstgeschnitzten Hirten der ausnahmsweise gut gelungen ist und nur mehr „gefasst" (bemalt) werden muss. Man redet von vielen Dingen, die einen Krippeler bewegen und erfreuen. Es wird begutachtet und kritisiert, und nicht selten „foppt" (neckt) man einen, wenn man spürt, mit wie viel Liebe und Gefühl er das Krippenhandwerk betreibt und versteht.

„Sinn und Bedeutung der Weihnachtskrippe
sind nicht für jeden erklärbar"

Es ist mir bei solchen Gesprächen öfter aufgefallen, dass Sinn und Bedeutung der Weihnachtskrippe und ihrer Figuren für manchen Krippenfreund nicht recht erklärbar waren, obwohl gerade von der Weihnachtskrippe so große geheimnisvolle Symbole und Aussagekraft ausgehen. Ich meine damit, dass ein echter Krippeler wissen soll, warum zum Beispiel Ochs und Esel in einem Krippenstall stehen? Das Kindlein zu wärmen, wäre hier eine zu einfache Erklärung. Oder wo kommt der Name Krippe her? Und welchen Sinn weiße Tauben geben, die auf größeren Krippen immer wieder zu sehen sind. Was Farben, Zahlen oder die Anwesenheit der Tiere bedeuten, was ein Tor, eine gebrochene Säule oder eine Brücke auf unseren Krippen zu sagen haben.

Dies sind viele Fragen, auf denen ich versucht habe, eine Erklärung zu finden. Seit geraumer Zeit habe ich mich mit der Suche nach Antworten beschäftigt und habe in diesem Buch niedergeschrieben, was ich in vielen Gesprächen mit „gescheiten Krippelern" erfahren konnte.

Woher kommt der Name „Krippe"

Heute ist euch in der Stadt Davids der Retter geboren; er ist der Messias, der Herr. Und das soll euch als Zeichen dienen: Ihr werdet ein Kindlein finden, das in Windeln gewickelt in einer Krippe liegt.

Lukas 2, 11-12

Das Wort Krippe oder Futterkrippe, ursprünglich auch Flechtwerk oder Geflochtenes genannt, rührt vom mittelhochdeutschen „Krips" oder vom althochdeutschen „Krippa" her und bedeutet eigentlich nur Vorrichtung, trogartiger Behälter, Futtertrog oder „Futterraufe", in dem Jesus von Nazareth nach der wunderbaren Geburt im Stall zu Bethlehem gelegt wurde. Das Wort Krippe wird allerdings nicht nur für die Weihnachtskrippe, sondern längst schon für die Oster- und Jahreskrippe gebraucht. Eine Krippe ist also in unserem Sinne eine bildliche, vielfigurige Darstellung der Geburt, wie des Lebens und Leidens Jesu Christi, und gleichsam ein Ausschnitt aus der Bibel und unserer Heilsgeschichte. Die Weihnachtskrippe ist heute beinahe 800 Jahre alt.

Futtertrog und Futterraufe - Symbole des Stalles

Man findet erste Krippendarstellungen in Fresken der römischen Katakomben ebenso wie auf antiken Sarkophagen, romanischen Türflügeln oder Buchdeckeln, aber auch in italienischen, spanischen und süddeutschen Fürstenhöfen, Kirchen bzw. Klöstern, bis schließlich um die Wende des 16. zum 17. Jahrhundert die „eigentliche Krippe" definiert wurde.

Also, die vielfigurige und szenarisch auswechselbare Darstellung der Geburt Christi auf einem Krippenberg. Dies alles entstand getreu den Berichten der Evangelien, besonders nach Aufzeichnungen des Evangelisten Lukas.

„Die Weihnachtskrippe ist heute beinahe 800 Jahre alt"

Die „eigentliche Krippe" hatte jedoch nur das viel ältere, liturgische Krippenspiel, das „Kindlwiegen" in der Kirche abgelöst, von dessen Höhepunkt wir in der lebendigen Krippenfeier im Walde von Greccio im Jahre 1223 durch Franz von Assisi wissen und noch berichten werden.

Die Weihnachtskrippe Damals und Heute

Krippenvater Johann Seisl schrieb in seinem Buch „Erlebtes und Erlauchtes aus der Krippenwerkstatt":

> *Die Verehrung der Weihnachtskrippe hat ohne Zweifel die Muttergottes selbst angefangen, denn nach der Himmelfahrt Christi zog es sie des öfteren hinüber in das nahe Bethlehem, besuchte den Ort der Geburt und verrichtete vor der Krippe ihre Andacht.*

Diesem Beispiel folgten fromme Frauen und die Jünger des Herrn, sowie die ersten christlichen Gemeinschaften von Jerusalem bis Bethlehem.

Nagelschmiedfiguren aus Steyr

Als die Juden dies bemerkten, ließen sie den Ort verwüsten und mit Unrat beschmutzen. Die Christen aber säuberten diese Stätte immer wieder. Daraufhin ließen die Juden verkünden, dass dieser Ort verflucht sei und bei Strafe niemand mehr hingehen dürfe. Die damaligen Christen aber hatten die Zähigkeit und Ausdauer, die Stätte der Andacht immer wieder zu betreten und in Besitz zu nehmen, bis schließlich Kaiser Hadrian (117 - 138) oberhalb der Geburtsgrotte einen heidnischen Tempel bauen und das Götzenbild des Adonis aufstellen ließ. Die Christen mussten von nun an diesen Ort meiden um nicht den Anschein der Anbetung heidnischer Götzen zu erwecken. So war die liebgewordene Krippenverehrung fast 200 Jahre lahmgelegt.

Geburt Christi um 1470

Erst als im Jahre 313 Kaiser Konstantin die christliche Religion als Staatsreligion erklärte, konnten die Christen wieder frei ihren Glauben ausüben. Helena, die Mutter des Kaisers ließ den heidnischen Tempel niederreißen, eine herrliche Basilika erbauen, welche heute noch besteht. Sie hat auch noch die Krippe vorgefunden, ließ sie in Silber fassen, und zur Verehrung aufstellen. Rasch lebte die Krippenbewegung wieder auf und entwickelte sich zusehends. Ungefähr 300 Jahre dürfte sich die Krippe als kostbarer Schatz, gehütet und verehrt in der Geburtsgrotte zu Bethlehem befunden haben.

Die Krippenverehrung kam auch nach Europa und verbreitete sich rasch. Schon in den Katakomben in Rom konnte man bildliche Darstellungen der Krippe mit Jesuskind, Ochs und Esel sehen. Weiters finden wir schon im 4. Jahrhundert in der Callistuskatakombe die Anbetung der Heiligen Drei Könige vor dem Kind.

Im 7. Jahrhundert rettete Papst Theodor I (642-649) die eigentliche „Krippe" des Herrn von Bethlehem nach Rom, um das Heiligtum von den Persern und Sarazenen in Sicherheit zu bringen. In der Folge erbaute Papst Liberius die Basilika „Maria die Größere" (Maria Maggiore). Unter Papst Hadrian (+ 795) wird zum ersten Mal ein Altar in dieser Kirche genannt, in dessen Schrein dieses Krippenheiligtum aufbewahrt war.

Von da an trug sie den Namen „Mari ad Praesaepe", was auf deutsch „Maria zur Krippe" bedeutet und heute unter dem Namen Basilika Maria Maggiore in Rom bekannt ist. Mit der Zeit ahmte man diese Krippe nach, legte ein Kindlein hinein und stellte Maria und Joseph (Josef) dazu. Später stellte man statt des Krippentroges auch Wiegen und Körbe auf. So finden wir im Kreuzgang der Domkirche zu Brixen in Südtirol ein Fresko, das uns die Darstellung des Christkindes in eine geflochtenen Korb zeigt.

Die erste als sicher bezeugte Krippe war eine Weihnachtsdarstellung der Jesuiten im Kolleg zu Coimbra in Portugal. Im späten 16. Jh. gab es nachweislich Krippen bereits in Prag, auf Sizilien und in Neapel. 1562 in böhmischen Jesuitenkirchen und in den folgenden Jahrzehnten in allen deutschsprachigen Ländern.

Franz von Assisi - Gründer der Weihnachtskrippe

Der Hl. Franziskus, 1181 als Johannes Bernardoni geborene Sohn eines wohlhabenden Kaufmannes aus Assisi in Italien, verlebte seine Jugend in einer sorglos fröhlichen Art, bis ihn etwa zwanzigjährig eine Krankheit aufs Lager warf und ihn bekehrte. Er beschloss, der wohlhabenden Gesellschaft zu entsagen, verzichtete auf sein Erbe und lebte fortan als Ärmster unter den Armen.

Diese Lebensführung brachte ihm in die Gesellschaft Gleichgesinnter, dessen Regeln vom damaligen Papst Innozenz III um 1210 bestätigt wurden. Eine der bedeutsamsten Fähigkeiten des Hl. Franziskus war unter anderem die Macht mit Tieren zu sprechen. Sie gehorchten ihm und nicht nur Vögel lauschten seinem Gespräch. Er liebte Sonne, Mond und Sterne, deren Betrachtung ihn die Liebe des Schöpfers empfinden ließ und ihn zu seinem Sonnengesang inspirierte. Es wird überliefert, dass der Hl. Franz v. Assisi im Jahre 1223 im Wald Greccio eine Krippe aufbaute und zur Weihnachtspredigt Ochs und Esel mitbrachte. Franziskus war bereits zu Lebzeiten derart berühmt, dass nach seinem Tod am 3. Oktober 1226 sein Leichnam aus Angst vor Reliquienräubern scharf bewacht wurde.

„Hl. Franziskus mit
seinen geliebten
Tieren"

Seine Heiligsprechung erfolgte am 16. Juli 1228 durch Papst Gregor IX. Der Kult des Hl. Franz von Assisi nahm binnen kurzer Zeit ungeheuere Ausmaße an und ist bis heute in der Tradition des Franziskanerordens vertreten.

Dargestellt wird Franz v. Assisi als Armer in der braunen Kutte mit Kruzifix und Totenkopf, Lilienstab, Lamm und Wolf bei der Predigt zu Vögeln und seinen geliebten Tieren. Er ist Patron der Franziskaner, der Armen und Sozialarbeiter, der Kaufleute und Tuchhändler.

So hat der Hl. Franziskus im Wald zu Greccio dazu beigetragen, dass diese Messfeier gern als Ursprung der Weihnachtskrippe gesehen wird.

Aus der Frühzeit der Krippe

Die Krippe war zu Beginn des 17. Jahrhunderts etwa eine eher bühnenhafte, szenarische Darstellung und überwiegend in Kirchen und Klöstern aufgestellt. Sie umfasste nur wenige Szenen und beschränkte sich meist auf die Geburtsgruppe. Die Figuren waren ziemlich groß (70 - 100cm) und wurden oft mit wertvollen Stoffen bekleidet. Im Laufe der Zeit verkleinerten sich die Krippenfiguren dann auf 18 - 30cm und die Darstellungsszenen wurden dafür reichhaltiger. Das immer öfter dargestellte Volksleben vermischte sich zusehends mit den biblischen Geschehen. Die eigentliche Kernaussage der Krippe litt darunter sehr und trat oft in den Hintergrund.

Alltagsszenarien und Nebensächliches erhielten in der Weihnachtskrippe immer schönere Stellplätze und die Geburtsgruppe verlor dadurch immer mehr an Bedeutung. So stand in einer Krippe zum Beispiel vor der Herbergsuche der Bierführer und lud seine Fassl ab, Bauern waren beim Holzhacken, auf den Bergen kraxelten Wilderer und Jäger herum und in einem offenen „Häusl" (Abort) saß einer und verrichtete seine Notdurft. Die Phantasie kannte keine Grenzen mehr.

Krippenverbote und Notzeiten

Eines der vielen Krippenverbote im Lande ging von Erzbischof Hieronymus Colloredo aus und erstreckte sich in großen Teilen Österreichs und Bayern.

*Der folgende Erlass vom 22. November 1872
erging an die betroffenen Pfarren:*

*Die Abstellung der Weihnachtskrippen in
den Kirchen gemäß des Hirtenbriefes vom
22. November mit gewissen Einschränkungen
erlaubte Beybehaltung vom 16ten Dezember 1782:
„In Gemäßheit des im Hirtenbriefes vom
29. Brachmonaths dieß Jahrs einem enthaltenen
Befehls, verordnen wir hiemit, dass so wie andere
unnöthige, theils lächerlich, theils ungereimt und
ärgerliche, oder wenigstens unnöthige Dinge, also
auch die Kripperl aus den Gotteshäuser weg-
bleiben, oder wo sie schon aufgestellt wären,
weggeräumt werden sollen."*
22. November 1782

Unter dem Druck der Bevölkerung musste das Krippenverbot von Erzbischof Colloredo persönlich wieder zurückgenommen werden. Ein Teil der Kirchenkrippen war allerdings schon zerstört oder im besten Fall in Privatbesitz übergegangen. In den privaten Bereich war die Krippe aber längst durch andere Krippenverbote gedrängt worden. Bereits 1670 war es zu einem ersten Krippenverbot gekommen, das die immer ausschweifender werdenden Kirchenkrippen in ihren profanen Darstellungen einschränken und auch den Besucherandrang eindämmen sollte.
Zu einem neuerlichen Krippenverbot kam es 1751 unter Maria Theresia, das ihr von den Jesuiten angeraten wurde.

Man nannte ihn den „Kirchenfeger"

In der Folge geschah es im Jahre 1782, da ging Kaiser Josef II, Sohn von Kaiserin Maria Theresia im Sinne der Aufklärung erneut daran, mit kirchenfeindlichen Dekreten, alle bekleideten Bildnisse, Statuen und alles kindliche Putzwerk aus den Kirchen entfernen zu lassen. Anlass dazu war - vielleicht auch nur der Tropfen, der das Fass zum Überlaufen brachte - die Darstellung eines Kaminkehrers, der nach damaliger Meinung ein geheimer Nachrichtenüberbringer, nach heutigem Verständnis als Geheimagent, angesehen wurde. Dies störte die Herren der Monarchie in der damaligen Zeit. Es schien um die Krippe geschehen zu sein.

Josef II

Der Kaiser hatte mit seiner Abscheu gegen diese ausufernden Formen der Volksfrömmigkeit zwar erreicht, dass die meisten bekleideten Barockkrippen aus unseren Kirchen verschwanden, aber die kaiserliche „Kirchenfegerei" führte dazu, dass die Krippe aus dem Sakralraum in die Häuser und Stuben wanderte und sich dort in vielen Dörfern im Laufe der Zeit zu einer Hochblüte entwickelte. Die bekleideten Kirchenkrippen waren zwischen 1780 und 1790 zum Großteil zerstört worden oder in Privatbesitz abgewandert.

Das Krippenaufstellungsverbot verfehlte allerdings seine Wirkung und ein Aufstellverbot war aus den Herzen dieser Krippeler mit ihrer Liebe zu den Krippen weder zu verdrängen, und schon gar nicht zu verbieten. Sie verschwanden zwar aus Kirchen und Klöstern, fanden aber vermehrt Einzug in Bürger- und Bauernhäuser und fachten das Feuer der Krippenliebe erst recht tüchtig an. Durch diese Maßnahme wurde unbewusst das Krippenwesen maßgeblich gefördert und verbreitet.

Ausschnitt aus der Kirchenkrippe Ranten / Bezirk Murau.
Steirisches Volkskundemuseum am Landesmuseum Joanneum, Graz

Das Verbot wurde 1804 vom Kaiserhaus wieder aufgehoben. 1825/26 kamen Erlässe der Kirche heraus, in denen Krippen als heidnisch und bedenklich erklärt und abgetan wurden. In der Folge schwächte man diese Verbote wieder etwas ab, bis sie schließlich gänzlich abgeschafft wurden. Um 1870 bemühte sich die Kirche wieder um die Rückkehr der Weihnachtskrippe in die Kirchen.

Diese Reformation konnte - wie uns die Geschichte lehrt - in unseren Ländern wenig oder keinen Einfluss finden. In Bayern und Tirol, wo die Zahl der Weihnachtskrippen beträchtlich wuchs, gab es in dieser Zeit kaum ein Haus, geschweige denn eine Kirche, oder Kloster, wo nicht eine Krippe zu finden war.

Über die Paläste der Fürsten und Adeligen kam die Krippe in der zweiten Hälfte des 17. Jh. zu großem Aufschwung und bald in die Häuser des gewöhnlichen Volkes. Es wurden die ersten kleinen Krippenfiguren aus Holz oder Papier angefertigt.

Um die Mitte des vorigen Jahrhunderts sollte aber dem Krippenwesen (besonders in Tirol und Salzburg) ein neuer empfindlicher Schlag versetzt werden. Gewisse Leute und Händler verlegten ihre Tätigkeiten auf Handel mit Altertümer, und ihnen waren Krippenfiguren sehr erwünschte Gegenstände. Sie gingen in die entferntesten Täler und Höfe, suchten nach Krippenfiguren, schwatzten den Besitzern die schönen Figuren oft um einen

19

Spottpreis ab und verschleppten diese ins Ausland. So kamen die schönsten Krippenfiguren außer Landes. Die „Minderwertigen" gefielen nicht mehr so, und man stellte die Krippen immer weniger und vielfach überhaupt nicht mehr auf. Das Krippenzeug, das während des Jahres auf dem Dachboden war, litt meist durch die Einflüsse wie Motten, Staub und Regenwasser. Bekleidete Figuren wurden nicht selten vom „Unterdach" herunter geholt und als Puppen zum Spielen verwendet. So war der Tiefststand im Krippenwesen erreicht.

Der Wendepunkt kam für die Krippenbewegung am Blasiustag des Jahres 1909, als der damalige Pfarrer aus Sistrans und Chorherr des Stifts Wiltens, Christostomus Mößl den Aufruf an alle Freunde der Weihnachtskrippe verfasste, sich zur bestimmten Zeit in Innsbruck, Gasthof „Goldenen Hirschen" in der Seilergasse einzufinden „behufs" (zum Zweck) Besprechung, Vorbereitung und eventuellem Zusammenschluss von Krippenfreunden zu einem Verein.

„Der erste Krippenverein Tirols wurde 1909 in Innsbruck gegründet"

Der Besuch war wider Erwarten gut. Es kamen über 80 Teilnehmer, größtenteils Männer von angesehener Stellung aus Innsbruck, dem Wipptal, dem Ober- und Unterinntal. Pfarrer Mößl entrollte in kurzen Zügen das Wesen des Vereins, der zwischen den zahlreichen Freunden der Krippe in Stadt und Land nähere Beziehungen schaffen sollte.
Am 17. Mai wurden von Direktor Ferdinand Plattner aus Sarn bei Brixen, im „Gasthof Bierstindl", in der ersten öffentlichen Krippenversammlung die Statuten verlesen und die Wahl des Vereinsvorstandes durchgeführt. Mit diesen Worten wurde eine Tatsache niedergeschrieben, deren Tragweite für das kulturelle Leben in Tirol zu diesem Zeitpunkt noch nicht überblickt werden konnte. Der erste Krippenverein Tirols war somit gegründet.
Es muss jedoch erwähnt werden, dass der allererste Tiroler Krippenverein im kleinen Kreise jedoch schon sehr viel früher in Wenns im Pitztal von Daniel Prantl dem „Herbergsvater", wie ein Vereinsvorsteher in manchen Krippendörfern heute noch liebevoll genannt wird, laut Krippenchronik im Jahre 1860 mit 38 Mitgliedern gegründet wurde!
Als erstes Krippendorf allerdings könnte man Innsbruck bezeichnen. Um 1608 wurden nachweislich in der Jesuitenkirche und bei

den Franziskanern in der Hofkirche schon Weihnachtskrippen aufgestellt. Weitere folgten in Hall, Kitzbühel und in Zirl. Als älteste bekannte Hauskrippe Tirols gilt allerdings, die 1612 – 1617 entstandene „Maxenbauer Krippe", die heute noch in Thaur, unterhalb von Innsbruck steht.

Die Weihnachtskrippe:
Religion - Brauchtum - Kunst

„Wer daran nicht glaubt, für den gibt es keine
Erklärung, wer daran glaubt, der braucht keine
Erklärung", schrieb Franz Werfels.
Wie wahr doch diese Worte sind.

Weihnachtskrippe in der Wörgler Stadtpfarrkirche
von Johann Seisl, 1911

Religiös

Religiös gesehen hatte die Krippe schon immer, auch in früheren Zeiten, für die Christen eine hohe weihnachtliche Bedeutung. Mit dem Krippenaufstellen allein ist es aber nicht getan. Erst wenn damit der Glaube verbunden ist, hat der Krippenbrauch alles erreicht. Schon in der Vorbereitung kann man die Vorfreude erleben, den tiefen Sinn spüren und den Bezug der Krippe zu unseren Zeitströmungen verstehen. Sie lässt uns erkennen, das Werte, wie Besinnung, Zufriedenheit, Freude, Geborgenheit oder Frieden für uns immer wichtiger werden. Dem aufmerksamen Beobachter kann deshalb auch nicht entgehen, dass gerade in dieser „scheinbar ruhigen Zeit", „Der Weihnachtszeit", Sturzwellen von Worten, Reden, Diskussionen und Veröffentlichungen über uns hereinbrechen, und „Die leisen Dinge" für uns zweifellos wieder einen höheren Stellenwert bekommen.

Der Mensch braucht Ruhe und das tröstende Geheimnis der „Krippe"

Man schätzt sie, die Ruhe um die Weihnachtskrippe. Und fügt man noch hinzu, dass das Weihnachtsfest wie kein anderes Fest des Jahres schon Wochen vorher vermarktet wird, dann versteht man, dass vor allem unsere heutige Konsumgesellschaft dazu beiträgt, und uns das Verständnis der Weihnacht schon zu Beginn durch den „Adventstress" verdirbt. Gerade deshalb braucht der Mensch Ruhe und das tröstende Geheimnis der Krippe, denn „Sie" gehört zu unseren liebsten, stillsten Vertrauten.

Vom Familienvater wird in dieser schönen Zeit, meist unter stolzer Mithilfe der Kinder oder gemeinsam mit der ganzen Familie, die Hauskrippe am schönsten Platz der Stube aufgestellt und gar oft muss die ach so geliebte Ofenbank bis zum Maria Lichtmesstag - der Weihnachtskrippe Platz machen.

Nicht die künstlerische Krippe ist immer die wertvollste, sondern jene, die aus tiefstem religiösem Gefühl heraus aufgestellt wird.

Nicht selten ist heute für manchen die Krippe Selbstzweck, dient lediglich der Befriedigung künstlerischer Neigungen, und ist mehr zur Liebhaberei geworden. Und doch ist sie Mittel zum Zweck, Ausdrucksmittel des Glaubens.

Brauchtum

Das religiöse „Brauchtum" um die Weihnachtskrippe ist eines der ältesten christlichen Aspekte. Es ist der urmenschliche, schöpferische Drang, seine geistigen Glaubensvorstellungen gut darzustellen und sie an geeigneter Stelle, im Haus oder in der Stube, als Idol anzubringen oder aufzustellen, gleichsam als Altar aufzurichten, vor dem Kerzen brennen, vor dem gebetet wird, weil von ihm der häusliche Friede ausstrahlt.

> *„Die Weihnachtskrippe ist eine der ältesten*
> *christlichen Darstellungen"*

Dieser menschliche Zug ist die tiefe Wurzel unserer eigentlichen Volkskrippe, deren wechselvolle Formen wir im Lauf der Jahrhunderte in unseren Alpenländern leicht verfolgen können.

Krippe von Walter Bacher, 1909 – 1960 (TVKM)

Kunst

Von der künstlerischen Seite her gesehen kann man sagen, dass die meisten Künstler aller Stilepochen ihre Talente an der Krippe entdeckt und entwickelt haben. Aus einer innigen Verbundenheit mit dem Volksempfinden, aus einer ehrlichen Frömmigkeit im besten Sinne des Wortes und aus dem entstandenen Brauchtum gewann die Kunst ihr eigentliches Leben, ihre Kraft und ihre Festigkeit. Erste jugendliche Glaubensvorstellungen und vorhandene Vorbilder ermutigten und bestärkten so manchen zur Nachahmung.

„Für manchen Künstler wurde die Weihnachtskrippe zum Sprungbrett seiner Laufbahn"

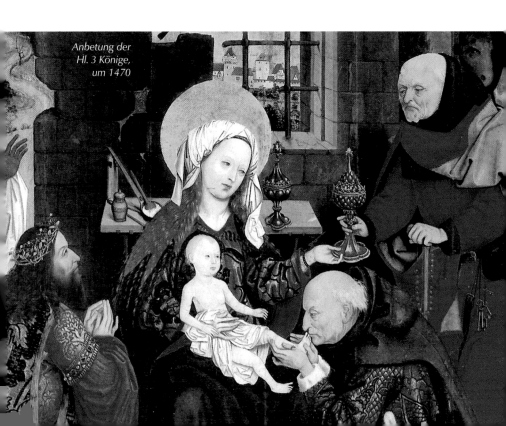

Anbetung der Hl. 3 Könige, um 1470

In der Folge erwuchsen aus der Krippenschnitzerei viele unserer Volkskünstler, Schnitzer, Maler, Vergolder oder Restaurateure. So wurde für manchen die Weihnachtskrippe das Sprungbrett zur Kunst.

Das älteste uns bekannte Weihnachtsbild Tirols aus dem Jahre 1370, ist auf dem Altar im Schloss Amras heute noch zu sehen. Des weiteren können wir im Tiroler Landesmuseum die Geburt Christi als drittes Bild einer Mariendarstellung aus dem Jahre 1495 von Albrecht Dürer sehen. Das wesentliche dieser Darstellung ist für uns Krippeler, dass uns dieses Bild eine Innsbrucker Stadtansicht zeigt, in deren Mitte die Geburt Christi zu sehen ist. Also lange bevor die ersten Krippenmotive von einheimischen Künstlern dargestellt wurden.

In der Mitte des 19. Jahrhunderts wurde der Kunstbegriff Nazarener geprägt, der sich in Richtung Originalschauplätze der biblischen Geschichte bewegte. Josef Ritter von Führich - in Krippenkreisen bestens bekannt - war an der Entstehung des Nazarenerstils maßgeblich beteiligt. Er lieferte Vorlagen und Zeichnungen in dieser romantischen Art interessierten Künstlern und Bildhauern, die ihre Arbeiten an diesen Entwürfen ausrichteten. Mit diesem neuen Stil entgegnete man den „Schund" (Meinung der damaligen Zeit!) von barocken bekleideten Wachsfiguren und sah darin die neue „Christliche Kunst" (Kirchenkunst).

Weihnachtsbräuche und Symbole

Zum weihnachtlichen Brauchtum predigte unser Bischof Reinhold Stecher beim XII. Weltkrippenkongress: „Von der Krippe geht der Strom jener Liebe, aus der uns alle, und die ganze Menschheit umfangen will".

Er meinte damit, dass Brauchtum ganz allgemein gesehen, eine wichtige Funktion innerhalb einer Gemeinschaft hat. Es ist dabei egal wie groß diese ist, von der Familie beginnend über eine Dorfgemeinschaft bis hin zu einem ganzen Volk. Wir alle brauchen es als wichtigstes Ausdrucks- und Verständigungsmittel. Bei vielen

Bräuchen, und keineswegs nur in der Weihnachtszeit, stößt man auf die Frage, christlich oder vorchristlich?

„Wir alle brauchen das Brauchtum als wichtigstes Ausdrucks- und Verständigungsmittel"

Beginnend mit dem Erntedankfest spannt sich der Bogen des Weihnachtsbrauchtums, das mit dem Fest der Hl. Katharina beginnt und bis Maria Lichtmess am 2. Feber reicht. Christliche Symbolkraft gerade am Tag der Hl. Barbara, Nikolaus oder der Thomastag führen uns in den Advent zum Höhepunkt einer Zeit, in deren Mittelpunkt die Geburt Christi in der Weihnachtskrippe steht. In manchen Gegenden bildeten sich im Laufe der Jahrhunderte viele volkstümliche Bräuche, die aus inniger Gläubigkeit des Volkes entstanden sind. Neue Symbole der Weihnacht, wie Barbarazweige, Weihnachtssterne, Mistelzweige, „Waxlab", Adventkranz oder Christbaum entwickelten sich, und solange der Weihnachtsbrauchtum ein lebendiger Bestandteil unserer Volkskultur ist, werden uns diese schönen Bräuche, die wie Balsam für die Seele sind, auch weiter erhalten bleiben.

Sankt Kathrein

Eine ruhige Zeit steht uns bevor. Bezogen auf die heilige Katharina von Alexandrien, am 25. November an ihrem Gedenktag und der bevorstehenden Adventzeit. Die große Gelehrte des 4. Jahrhunderts. Eine der 14 Nothelferinnen. Beschützerin der Philosophen, Theologen, Studenten und Müller. Die Vorbereitung auf Weihnachten steht kurz bevor. Es naht die Zeit, in der wir zu uns selbst finden sollen.

„Sankt Kathrein stellt den Tanz ein."

Adventzeit

*„Das Wesentliche ist mit den Augen nicht sichtbar,
das Wesentliche ist nur mit dem Herzen spürbar"*

Mit dem ersten Adventsonntag beginnt für den Krippenfreund die
schönste Zeit, die Weihnachtszeit. Advent heißt „Vor der Ankunft".
Der Adventkranz, aus Tannenzweigen meist selbst gebunden, mit
den vier Kerzen, die gleichsam die bevorstehenden vier Sonntage
bis zum Hl. Abend ausdrücken, ist meist mit roten Äpfelchen und
Tannen oder Zirbenzäpfen geschmückt, und hängt an roten Bän-
dern in der Stube.

*Vier Kerzen
symbolisieren am
Adventkranz die
bevorstehenden vier
Sonntage bis zum
Hl. Abend.*

Mit jedem Sonntag zündet man eine Kerze mehr an, bis zu jenem
Tag, der alle Jahre von uns so sehnsüchtig erwartet wird.

„Advent bedeutet, vor der Ankunft"

Die Besinnlichkeit dieser Adventzeit wird durch das Singen unter
dem brennenden Adventkranz oder durch die vielen vorweihnachtlichen Adventsingen hervorgehoben.

Der Barbarazweig

Blühende Barbarazweige

Am 4. Dezember ist der Tag der Hl. Barbara. Sie gilt als Beschützerin vor jähem Tod. Wer sie täglich verehrt, wird nicht ohne die heiligen Sterbesakramente verscheiden, heißt es. Bergknappen stehen unter dem Schutz ihrer Patronin, der heiligen Barbara. Bricht man an diesem Tag von einem Kirschbaum einen Zweig, setzt ihn ins Wasser und stellt ihn in die Nähe des warmen Ofens, blüht er meist zu Weihnachten. Die sogenannten Barbarazweige (es eignen sich auch Forsicien, Kastanien u.ä.) sind in ganz Tirol und darüber hinaus bekannt. Man schließt aus dem Aufblühen dieser Zweige nicht nur auf ein fruchtbares kommendes Jahr, sondern auch darauf, dass Mädchen, deren Zweige am Heiligen Abend erblühen, im nächsten Jahr geheiratet werden.

Der Nikolaus

Der 6. Dezember ist der Nikolaustag. Schon in frühen Zeiten freuten sich die Kinder auf den heiligen Nikolaus, der ihnen bereits Gaben brachte als man noch lange keinen Christbaum und keine Weihnachtsgeschenke kannte. Dieser Hl. Nikolaus war der Legende nach ein mildtätiger Bischof aus „Myra" in Kleinasien aus dem 4. Jahrhundert und wurde nach seinem Tode bald als Wundertäter bekannt. Er ist der Schutzpatron der Kinder und Schüler, der allen, die unter seinem Mantel Schutz und Zuflucht suchten, geholfen hat.

Man spricht bei uns auch vom Heiligen oder Sankt Nikolaus, den wir mit Bischofsmütze und Stab kennen und der seit gut 700 Jahren bei uns auftritt. Er ist begleitet von Engeln und vom Krampus. An diesem Tag beten die Kinder extra gern und sind besonders brav. Denn in dieser Zeit legt der Nikolo, wie er auch liebevoll genannt wird, in die vor dem Fenster stehenden Schüsseln oder Schuhe, Nüsse, Äpfel und neuerdings auch andere Gaben.

„Manch heidnische Gestalt gesellte sich
zum Nikolaus"

Die nächtlichen Umzüge des Nikolo ließen ihn immer mehr in schlechte Gesellschaft geraten. Manch heidnische Gestalt gesellte sich zu ihm. Nicht nur der Teufel, sondern lichtscheues Gesindel heidnischen Ursprungs, wie die Habergeiß oder die „Perchten" trifft man in der Nähe des Nikolaus. Die mit ihm wandernden „Gangkerl oder Klaubau" wie die Teufel auch noch genannt werden, sollen als Furcht- oder Erziehungsmittel angesehen werden, und ist eher nicht lobenswert. Viel schlechter ist jedoch der Krampus in Auslagen und zu Reklamezwecken vergatterte Teufel, die obendrein noch Gaben austeilen oder von denen man noch beschenkt wird. Diese Verniedlichung des Teufels birgt den Kern des Bösen, des Schwarzen, und auch den Feind der Krippe in sich.

Der Nikolausgarten

Bis zur 2. Hälfte des 19 Jahrhunderts war das „Nikolausgartl" speziell im Salzburger Raum ein fixer Bestandteil des vorweihnachtlichen Reigens. Bescheidene Geschenke wie rote Äpfel, Nüsse, gedörrte Zwetschken, Feigen und Boxhörndl wurden am Nikolaustag ins moosbedeckte Gartl gelegt und ersetzten in früheren Zeiten die Weihnachtsbescherung. Aus diesem Grund war das Nikolausgartl sehr beliebt.
Die vier am vorderen Zaun befestigten Kerzen brachten Licht in die Darstellung. Vier aufgesteckte Nüsse an den Ecken des Gartens symbolisieren die Adventwochen. Mit dem Einzug der Krippen in die Privathäuser, dem Aufkommen des Christbaumes und des Adventkranzes kam dieser liebenswerte Brauch in Vergessenheit.

Maria Empfängnis

Am 8. Dezember feiern wir das Fest der Maria Empfängnis. Mit diesem kirchlichen Feiertag will die Kirche mit dem Volk die Hl. Maria, Mutter Gottes, die in Tirol besonders hochgeschätzt wird, verehren. Obwohl man sich 1809 unter ihren Schutz stellte und 1959 dieses Gelöbnis erneuerte, ist das Fest Maria Empfängnis im Brauchtum wenig verankert.

„Das Fest Maria Empfängnis ist im Brauchtum wenig verankert"

Die Tiroler Krippeler halten aber schon seit vielen Jahren an diesem Festtag den Landeskrippentag ab, der abwechselnd in den Krippendörfern abgehalten wird. So trifft man sich in der Adventzeit mit Krippenfreunden, geht gemeinsam zum Gottesdienst und nachher zu einem „Krippenhoangart".

Das Anklöpfeln oder Anklöckeln

Im Advent sind es die drei letzten Donnerstage, die die Stille der Vorweihnacht durchbrechen. Im Unterinntal sind die Klöpfler als Hirten verkleidet. Sie ziehen von Haus zu Haus und singen Hirten- und vorweihnachtliche Lieder. Es ist ein Brauch, der auf die christliche Herbergsuche mit dem Lied „Wer klopfet an..." hinweist. Früher gingen arme Kinder von Bauer zu Bauer, von Haus zu Haus, um für die hungernde Familie daheim milde Gaben zu betteln.

„Anklöpfler ziehen von Haus zu Haus"

Wenn Klöpfler ziehen, ist meist die Stille der Nacht durchbrochen. Zuerst leise, dann lauter näherkommend, mit Stecken und Laternen treten sie lautstark auf, sodass der Ausdruck „Heidenlärm" mit einem Male klar wird. Vom Hausherrn werden sie zum Eintreten ins Haus aufgefordert, wo sie ihre Lieder und Darbietungen der weihnachtlichen Quartiersuche, oft vor der Hauskrippe zur allgemeinen Freude aufführen .

Anklöpfler vor der Krippe

Bildertragen

Das Frauen-, Josefs- oder Bildertragen zählt in unserem Land, vor allem in der Salzburger Gegend, zu einem alten vorweihnachtlichen Brauch. Er dürfte schon im Zuge der Gegenreformation entstanden sein und erinnert an die Herbergsuche der Hl. Familie. Über diesen Brauch sollte ursprünglich in entlegenen Gebieten das kirchlich religiöse Gemeinschaftsleben gefördert werden. Und so wurde das Fraubildnis unter Nachbarn weitergereicht und die Familien verbrachten gemeinsam einen Abend im Gebet. Man versuchte außerdem bei dieser Gelegenheit eventuelle nachbarliche Zwistigkeiten auszuräumen, um bei adventlichen Zusammenkünften einander friedlich begegnen zu können. Früher wurde die Tafel mit der Herbergsuche von ärmeren Leuten von Haus zu Haus getragen und dafür mit kleinen Gaben, meist mit hausgemachten Lebensmitteln beschenkt. Zu unserer Kindheit war es noch ein besonderes Ereignis, wenn „Frauträger" ins Haus kamen und für die Heilige Familie um eine „Herberg" baten. Die Familie und alle Hausbewohner versammelten sich dann zum gemeinsamen Gebet. Gebete wie „Der Engel des Herrn", der Rosenkranz oder einige „Vater unser" wurden zur Ankunft und am nächsten Abend zur Verabschiedung der Hl. Familie gebetet. Heute noch wird in manchen Gegenden in der Adventzeit das Bildnis mit der Herbergsuche im Bekannten- und Verwandtenkreis weitergereicht und damit der uralte Brauch des „Frauentragens" hochgehalten.

Fraubild aus Kuchl, bemalte Holztafel mit Trockenblumen in verglastem Rahmen ca. Mitte 18.Jh.

Rorate

Wenn irgend möglich, durfte man früher kein „Goldenes Amt" oder Rorate versäumen. Das letzte Rorate wird allgemein als das wirksamste betrachtet, daher besonders geschätzt, und fällt auf den Heiligen Abend.

> *„Das letzte Rorate gilt allgemein als das Wirksamste"*

Der Name kommt daher, dass diese feierlichen Adventämter mit „Rorate coeli" beginnen. Romantisch war früher der Gang zu den Roraten und zur Mette. Da ging man mit „Kentln" zur Kirche und steckte sie im Friedhof, der meist im Kirchhof war, in den Schnee. Kentln sind harzreiche Föhrenstäbe, die jahrelang zum Trocknen aufbewahrt werden und zum gegebenen Anlass als Weglichter dienen.

Die Kerze - das Friedenslicht

Am 24. Dezember, dem Heiligen Abend, wurde zum Geburtsfest Jesus, das „Licht" vom Papst Liberius als das Licht Christi bezeichnet. Im Jahre 354 hat er ganz bewusst den 25. Dezember als das Fest der Geburt Christi festgesetzt.
Seit dieser langen Zeit entwickelten sich immer mehr neue Symbole der Weihnacht, wie Barbarazweige, Weihnachtssterne, Mistelzweige, „Waxlab", Adventkranz oder Christbaum, und so lange unser Weihnachtsbrauchtum ein lebendiger Bestandteil unserer Volkskultur ist, werden sich diese schönen Bräuche, die wie Balsam für unsere Seele sind, weiter erhalten. In manchen Gegenden bildeten sich im Laufe der Jahrhunderte verschiedene religiöse, volkstümliche Bräuche, die wohl aus inniger Gläubigkeit des Volkes entstanden sind.
In manchen Krippen brennt während dieser ganzen Weihnachtszeit eine Öllampe mit dem geweihten Licht, das man aus der Ortskirche holt. Neuerdings brennt dieses Licht aus Bethlehem überall im Land als sogenanntes Friedenslicht, dessen Idee von Linz ausging und von vielen Ländern bereits übernommen wurde. So kann man am Hl. Abend für seine Krippe dieses Friedenslicht nach Hause holen. Ich traf auf eine Krippe, in der Tag und Nacht eine Kerze brennt. Jede Kerze ist ein Sinnbild von Andacht, Licht und

Heil, und erscheint uns gerade in der Krippe wie ein Zeichen der Wärme und Erleuchtung. Am Heiligen Abend stellt man eine Kerze ins Freie oder ans Fenster. Mit diesem Licht der Armen Seelen gedenken wir an diesem Tag unserer lieben Toten.

„Früher wurde täglich am Abend vor der Krippe gebetet"

Früher wurde in vielen Familien täglich am Abend vor der Krippe gebetet, meistens ein ganzer Rosenkranz. Das ewige Licht ist heute noch in den Krippen zu sehen, das Gebet findet nur mehr vereinzelt statt. Ein Brauch, der in einigen Krippendörfern Aufsehen erregte, stellt die Verehrung der Hl. Familie in den Mittelpunkt. Vor dem Christkind stellt die Bäuerin ein Schüsselchen mit kleinen in Schmalz herausgebackenen Krapfen als Geschenk in die Krippe. Man sagt außerdem, dass um diese kleinen Schmalznudeln ein Geheimnis rankt. Sollte nämlich im vergangenen Jahr ein Streit oder eine Unstimmigkeit im Haus oder mit den Nachbarn dazu geführt haben, dass man keine gemeinsamen Worte füreinander mehr finden konnte, hat man durch den Verzehr eines solchen Krippenkrapfen, bekundet, dass man wieder „gut" sei, und den Hader vergessen habe. Der Streit war somit beendet, der Weihnachtsfriede wieder eingekehrt.

Das Räuchern

Räuchern ist die Verbrennung duftender Stoffe in meist ritualisierter Form, die der spirituellen Beeinflussung dient. Durch Räuchern soll die Familie, das Haus, der Hof und das Vieh, vor Feuer und Blitz, vor Unwetter, Wasser und Unglück geschützt werden. Zum Beispiel spielt Weihrauch im katholischen Gottesdienst eine wichtige Rolle, eine Tradition, die bereits im heidnischen Griechenland und vielen anderen Ländern sehr früh geübt wurde. Dem Volksglauben zufolge hat das Rauchen oder Räuchern zauberbannende Wirkung. Um sich vor bösen Geistern zu schützen, herrscht in katholischen Gegenden die Sitte, an gewissen Tagen, den Zwölfernächten, den Zwölfen oder Raunächten wie sie genannt werden, Wohnräume und Viehställe mit Weihwasser zu besprengen und mit Weihrauch zu durchräuchern. Diese Raunächte oder Heiligentage gehören zu den brauchtumsreichsten Abschnitten des Jahres. Sie fallen somit in die Weihnachtsfeiertage, wie St. Thomas, Heiligabend, Sylvester und Neujahr sowie dem Festtag der Heiligen drei Könige.

> *„Raunächte sind die Nächte zwischen Weihnachten und dem Dreikönigstag und gehören zu den brauchtumsreichsten Abschnitten des Jahres"*

Räuchern, das in unseren ländlichen Gegenden noch nahezu in jeder Familie stattfindet, ist einer der ältesten Bräuche nicht nur bei uns, sondern in den meisten Kulturvölkern. Mit Räucherpfanne, Weihwasser und geweihter Kerze geht man durch alle Räume der Wohnung oder des Hauses, in den Stall und in die Scheune. Mutter und Kinder folgen betend dem mit dem Räucherfass vorausgehenden Vater oder Familienoberhaupt. Bei uns und in den meisten Familien geht man in den sogenannte Rauchnächten, am Hl. Abend, zu Sylvester und am Vorabend des Dreikönigsfestes, noch immer mit der Räucherpfanne.

Mit Wandtafeln wird in Krippendörfern zum Krippenschauen eingeladen.

Das Krippenschauen

Der wohl schönste und heute wieder sehr beliebte Brauch ist das „Krippenschauen". Krippenfreunde, die eine Hauskrippe in ihrer Stube aufgestellt haben, freuen sich besonders, wenn in dieser schönen Zeit „echte" Krippeler zum „Schauen" kommen. Meistens sind die Häuser, wo eine größere Weihnachtskrippe zur Ansicht steht, mit einer Tafel und der Aufschrift „Weihnachtskrippe" gekennzeichnet.

„Für den Krippenfreund ist Krippenschauen
der schönste Brauch"

Nicht nur Nachbarn kommen zum Krippenschauen, sondern Krippenfreunde aus anderen Dörfern und oft von weit her, um vom Krippenzauber Freude zu schöpfen.

Ausschnitt aus der
Hauskrippe
von Peter und
Elisabeth Schrettl

Die Sternsinger

Überall in unserem Land haben sich in den letzten Jahren am Drei-königstag Sternsingergruppen gebildet, die ein altes Brauchtum mit neuem Gehalt weiterführen. Darin spielt das Tragen eines selbstge-fertigten großen Sterns eine besonders bedeutsame Rolle.

„Überall im Land sammeln Sternsinger für
Notleidende in aller Welt"

Auch die alten Dreikönigslieder leben wieder auf. Da es sich dabei ja um ein altes Heischespiel handelt, d.h. um das Sammeln freiwilli-ger Gaben, hat man heute Sternsinger häufig in den Dienst der so-zialen Hilfe gestellt. Gesammelt wird für die Armen und Kranken, für die Waisen und die Notleidenden in aller Welt.

Sternsinger im
Dienste des
Krippenapostolats

Krippen „Orientalisch oder heimisch"?

Diese Frage stellt sich oft. Bis in die Mitte des 19. Jahrhunderts – um 1850 etwa - ereignete sich die Geburt Christi in der Weihnachtskrippe nach ideal erscheinenden Vorstellungen des Orients. Auch damalige Krippenkünstler, wie Giner, Nissl, Speckbacher u.s.w. hatten nur bescheidene Möglichkeiten sich vom Land Bethlehem Eindrücke zu holen, und so schufen sie ihre Werke mit orientalischen Bauteilen, Türmen, Stadttoren, exotischen Pflanzen und ihrer aus der Phantasie entsprungenen Bäumen und Krippenlandschaften, nach erfundenen Motiven und spärlichen Eigenerfahrungen.

Wenn man bedenkt, dass zur damaligen Zeit eine Reise ins Hl. Land etwa drei Monate in Anspruch nahm und sehr viel Geld kostete, kann man sich leicht vorstellen, dass solche Pilgerfahrten nur wenigen vorbehalten waren. Der Wörgler Krippenvater Johann Seisl war einer der wenigen, die das Glück hatten, in den Jahren 1900 und 1906 für jeweils einige Monaten ins Heilige Land reisen zu können. Krippenbauer und Laienkünstler aber bauten nach eigenen Vorbildern ihre Krippenberge, ließen ihren Vorstellungen vom Weihnachtsgeschehen freien Lauf, bauten steile Berge und Landschaften, die in der heimischen Umgebung entnommen waren, sodass sich ein Stil entwickelte, der im damaligen Sinne und auch in Fachkreisen als orientalisch galt.

„Die heutige Vorstellung der Weihnachtskrippe hat sich längst ins Volksbewusstsein eingeprägt"

Heute hat sich dieser Begriff „orientalisch" in vielem geändert. Medien, Bücher, Zeitungen, und jede Menge Urlaubsfotos vermittelten mit der Zeit ein genaues Bild über den Orient. Krippenbauer von heute können aus dem „vollen" schöpfen und haben kein Vorstellungsdefizit mehr.

Mit dem Begriff „orientalische Krippe" im heutigen Sinn hat sich das Bild weitgehendst stabilisiert. Charakteristische Landschaften, Bauteile und gemalte Hintergründe vermitteln täuschend ähnlich diese geheimnisvolle Landschaft, wie man sie wirklich vorfindet, wenngleich findige und clevere Krippenbauer immer wieder typisch orientalische Merkmale und Bauteile finden, nachbauen um die Krippen orientalischer erscheinen zulassen. Die heutige Vorstellung über den Geburtsort Christi hat sich ins Volksbewusstsein eingeprägt und mit Leichtigkeit unterscheiden wir heute zwischen einer orientalischen und heimischen Krippe.

Kirchenkrippe Wörgl Johann Seisl 1910

Arten der Weihnachtskrippen

Orientalisch oder heimisch? In diese zwei Hauptgruppen teilt sich zunächst unser Krippenverständnis. Das Krippenwesen unserer Zeit ist zum Großteil durch die Arbeit der Krippenvereine und der Schulen geprägt, die meist unter dem Motto „in jede Familie eine Krippe" stehen. War man zunächst um die Erhaltung und Wiederaufstellung „alter" Krippen bemüht, so stehen heute Krippenbauvereine im ganzen Land an vorderster Stelle. Hier wird man sich erstmals - wenn man sich nicht schon für eine Stilrichtung festgelegt hat - mit der Kardinalfrage „Welche Krippe baue ich?" - auseinandersetzen müssen.

Die Orientalische Krippe

Die orientalische Krippe ist meistens, wenn es sich um eine größere Hauskrippe handelt, zum vorherrschenden Krippentyp geworden. Durch zunehmende Pilgerfahrten der Krippenbauer ins heilige Land, durch Bildmaterial , Filme und Berichte wurde unsere orientalische Krippe, wie schon erwähnt, immer origineller in Bau und Ausstattung.

Die Heimatliche Krippe

Die Gegenrichtung zur orientalischen Krippe entstand maßgeblich durch Josef Bachlechner, der um 1900 die „heimische Krippe" prägte. Er ließ in seinen Vorstellungen die ihm vertraute Tiroler Landschaft mit seinen Dörfern und Bergen und seinen markanten „urigen Leutetyp" in seine Krippen und Figuren einfließen und stellte die Geburt Christi einfach in unsere vertraute Heimat. In der Folge wurde diese liebenswerte, heimatbezogene, ländliche

Krippenart von Krippenkünstlern, wie Ludwig Penz, oder später von Sepp Mathoi, um nur zwei zu nennen, würdig weitervertreten. Im Laufe der Jahrhunderte veränderte sich das Bild unserer heutigen gewohnten Art von Weihnachtskrippen sehr oft, wahrscheinlich zu oft. Man spricht von Stilrichtungen und Typus, von Nazarener und Barockkrippen, von sizilianischen oder von französischen Santonskrippen. Die Welt hat sich „ihrer" angenommen und sie hat uns alle in ihren Bannkreis gezogen. Ähnlich der Mode, die uns Menschen ständig durch Neuheiten, Farben und Formen beeinflußt unterlag auch die Weihnachtskrippe. Im Laufe der Jahrhunderte gaben Maler und Bildhauer unter den starken Einflüssen der jeweiligen Zeit, von der Gotik bis hin zur Barock- oder Biedermeierzeit ihr Bestes. Jede Stilepoche prägte das Krippenwesen. So entstanden unzählige, bewundernswerte Werke, die in Museen, Kirchen, Klöstern und Privatfamilien in guten Händen liegen.

> *„Die Welt hat sich der Krippe angenommen und in ihren Bannkreis gezogen"*

Über bekleidete Barockkrippen mit Wachsköpfen und Brokatkleidern - uns als Kirchenkrippen in Erinnerung - spannt sich durch seine Vielfalt ein weiter Bogen bis zu unseren heutigen Krippen. Der menschliche Geist sann stets nach Neuem und eine Unzahl an Krippen entstand. Von der lebenden bis zur Bilderkrippe, von der Relief- zur Papierkrippe, von der Eiskrippe bis hin zu unseren immer häufiger entstehenden Freikrippen.
Man baute sie in Mohnkapseln, Nussschalen oder Spanschachteln. Sie wurde in Wandkästchen, auf Baumschwämme und von unserem Krippenvater Johann Seisl sogar in einen hölzernen Apfel gebaut (der Apfel als Fruchtbarkeitssymbol). Es entstanden Teller, Stroh, Wachs, bekleidete und sogar mechanische Krippen. Der menschliche Einfallsreichtum ist und bleibt grenzenlos. Letztlich waren es nicht nur unsere Bildhauer und Künstler, die im Krippengeschehen ihre Ideen verwirklicht haben. Vom Schmied bis hin zum Glasschleifer, vom Bauern bis zum Schüler, alle bauten Krippen. Die Krippe lebt, und sie wird immer leben.

Die Papierkrippe

Neben den vielen Krippenformen fallen zwei Typen besonders auf, die wieder gänzlich verschieden sind. Es sind dies die Papierkrippen und die Kastenkrippen. Die Papierkrippe, auch „Arme Leute Krippen" genannt, kennt ihre zahlreichen Figuren in der platzsparenden, Zweidimensionalität, die besonders früher dazu verlockte, sie als Fensterkrippe zu verwenden.

Tiroler Ausschneidekrippe von Josef Bachlechner

Sie wurde in der Weihnachtszeit meist zwischen die Fenster auf Moosplatten gestellt. Ihre Figuren waren meist handkoloriert und in ihrer Flachheit der Bretterkrippe ähnlich, nur erheblich kleiner. Im 18. Jahrhundert haben sich besonders Tirol und Böhmen zu Zentren der beliebten, aber doch etwas abseits stehenden Papierkrippe entwickelt.

Alte, aufklappbare Papierkrippe

Heute werden Papierkrippen auf hochwertigen Drucksorten in vielen alten und neuen Darstellungen wieder verstärkt angeboten und freuen sich zunehmender Beliebtheit.

Papierkrippe von Georg Haller (TVKM).

45

Die Kastenkrippe

Eine besondere Art von Weihnachtskrippen, wo sich Heimatver-
bundenheit und Orient harmonisch vereinen, sind die sogenannten
Kastenkrippen. Ennstaler Sensen und Nagelschmiedkastenkrippe.
Wie schon der Name sagt findet man in diesen selbstgezimmerten
Holzkästchen, die Darstellung „das Weihnachtswunder des kleinen Mannes". Selbst als Kaiser Josef II ein Krippenverbot einführte,
war aus den Herzen dieser Krippeler die Liebe zu ihren Krippen
weder zu verdrängen und schon gar nicht zu verbieten.
So entstanden im frühen 17. Jahrhundert, besonders in Oberöster-
reich, in der Gegend um Garsten bis hinein ins Enns- und Steyrertal,
entlang der Eisenhütten und Schmiedewerkstätten, diese reizende
Art von Kripplein.

Die Kastenkrippe wird gern als „Das Weihnachts-
wunder des kleinen Mannes" bezeichnet

Ennstaler
Nagelschmied-
krippe

Durch die wirtschaftliche Not der damaligen Zeit hatten findige Krippeler die Idee, reliefartige Kleinfiguren aus Lehm herzustellen. Mit „Modeln" und Abdrücken wurden Hunderte gleiche Figürchen in Heimarbeit geformt und in den Öfen und Essen der Schmiedewerkstätten gebrannt. So bekamen arme Eisenarbeiter entlang der Enns die Möglichkeit, um wenig Geld eine eigene Hauskrippe zu bauen. Ähnlich der Papierkrippe, die in dieser Zeit aus gleichen Beweggründen entstand und zur Armen Leute Krippe wurde, entwickelte sich eine Vielzahl an Darstellungen und Symbolfiguren, die gerade auf Kastenkrippen einmalig sein dürften. So mancher Laienkünstler wurde gerade durch diese Arbeiten in Krippenkreisen bekannt. Schaut man in eine solche Kastenkrippe - meist durch einen Rahmen mit Glas abgeschlossen - und bekommt die Fülle von bunten Figuren vor Augen, ist oft der erste Gedanke „Ein Kitschkastl"... vielleicht ein Edelkitschkastl. Macht man sich jedoch die Mühe genauer hinzuschauen, wird man bald von der Symbol- und Aussagekraft dieses kleinen Weihnachtsgeschehens verzaubert sein.

Die Stilkrippe

Stilkrippe mit bekleideten Figuren 18cm

Bekleidete Krippen

Im 18. Jh. verlief die Blütezeit der ersten bekleideten Krippen in den Kirchen. Prunk und Größe dieser Barock-Krippen beanspruchte immer mehr Platz, sodass das Wesentliche meist zur Nebensache degradiert wurde. Die Barockzeit waren Jahre der Inszenierung des Volkstheaters und des Glaubens, sodass die Krippe und das Weihnachtsgeschehen immer mehr zum prunkvollen Mittelpunkt wurde und an der Realität immer mehr vorbei ging.

Bekleidete Figuren auf einer Stilkrippe (Ausschnitt)

Der Prunk des Orients, den man aus den Türkenkriegen kannte, brachte man in den übertriebenen Engelsparaden und im Königsgefolge mit Reiterei zum Ausdruck. Dieser übertriebene Pomp und Aufwand drückte die Sehnsucht nach dem Hl. Land aus. In der Krippe konnte eine Art Wallfahrt zu den Heiligen Stätten geistig nachempfunden werden.

Krippenaufstellen - Krippenabbau

Ein umstrittener Punkt in Krippenkreisen ist das „Wann eine Krippe aufgebaut wird", und beinahe noch kritischer ist der Zeitpunkt des Abbauens. Diese zwei Fragen sind so schwierig, dass sie gar nicht so leicht zu beantworten sind. Die Meinungen gehen hier auch weit auseinander. Fest steht allerdings, dass jeder Krippeler seinen eigenen Zeitpunkt kennt, wann er seine Krippe auf- und letztlich wieder abbaut.

Da sich der Bogen des Weihnachtsfestkreises vom ersten Advent bis zum zweiten Feber, der Maria Lichtmess spannt, ist - wie schon gesagt - der Zeitpunkt des „Aufstellens" in Krippenkreisen sehr unterschiedlich.

Krippenaufstellen in der Stube

„Nicht das Aufstellen einer Krippe allein bringt Frieden, nein, es gehört dazu der gute Wille, die Weihnachts-friedensbotschaft zu leben und zu verwirklichen".

In vielen Krippendörfern hat sich mit der Zeit ein traditioneller Zeitpunkt herausentwickelt, der meist den örtlichen kulturellen Abläufen entspricht. So werden in Thaur, einem der bekanntesten Krippendörfer Tirols, die Weihnachtskrippen in der Weihnachtswoche, oder zwei bis drei Tage vor dem Hl. Abend aufgestellt und zum Romeditag, dem 15. Jänner wieder abgebaut, wobei ihnen der Abbautermin durch das kommende Faschingsgeschehen sehr wichtig erscheint. Das „Mullerlaufen", ein regionaler Brauch bestimmt in dieser Ortschaft mit Umzügen von Masken die Faschingsveranstaltungen und das etwas ausgelassene Treiben, an dem sich die meisten Einwohner bzw. Krippeler beteiligen. Die ruhige besinnliche Zeit der Krippen ist vorbei und es muss Platz geschaffen sein für den Brauch des „Winterabschieds" und Einzug des Frühlings.

„Weihnachtsfestkreis spannt sich vom
1. Adventsonntag bis zum 2. Februar,
Maria Lichtmess"

Sankt Sebastian packt die Krippen z'samm (zusammen)! An diesem Tage, dem 20. Jänner werden in anderen Tiroler Dörfern, wie zum Beispiel in Inzing, die meisten Weihnachtskrippen abgebaut. Für den echten Krippenfreund ist dies ein Trauertag. Nur wenige Krippen bleiben noch aufgestellt, hauptsächlich aber solche, die eine Flucht nach Ägypten, oder die Hochzeit zu Kanaan zu ihrem Besitzstand zählen.

Mit dem Schild an der Hauswand wird in Krippendörfern auf die aufgestellte Krippe im Haus hingewiesen.

Lichtmess

Maria Lichtmess (der 2. Feber) räumt gründlich mit allem Krippenzauber auf, sagt man im Volksmund und es verschwinden damit
auch tatsächlich die letzten Weihnachtskrippen aus den warmen
Stuben. An diesem Tage muss selbst der hartnäckigste Krippeler
von seinen stummen Freunden schmerzlichen Abschied nehmen.
Ein Zirler Krippeler sprach seinen „Mandln", während er sie weh-
mütigen Herzens ins Dunkel der Schachtel räumte und dabei kräf-
tig von allen Seiten abblies, immer den Trost zu: „Macht's euch
nix draus. So a Jahr geht schnell umma (vorbei), nachher kommt's
schon wieder außer". Dieser Krippenfreund wird wohl selbst dabei am meisten diesen Trost notwendig gehabt haben. Aber um
Lichtmess erfasst ja alle Krippenfreunde ein gewisses Unbehagen.
Vielleicht bildet gerade dieses Fest einen treffenden und sinnlichen
Übergang von der Weihnachtszeit in die Fastenzeit.

40 Tage danach

Der Lichtmesstag wird auch Maria Reinigung oder Maria Kerzen-
weih genannt. Mit den Bräuchen an Lichtmess gehört neben der
Kerzenweihe das Abräumen der Weihnachtskrippe. Mit diesem
Katholischen Fest endet die Krippenzeit. Man gedenkt dabei dem
ersten Tempelbesuch des Jesuskindes mit seiner Mutter Maria.
Der Zeitraum von 40 Tagen zwischen Weihnachtsfest rührt vom
biblischen Gesetz her, nachdem eine Mutter nach ihrer Niederkunft eines Sohnes sieben Tage als unrein galt und nach der Beschneidung am achten Tag noch 33 Tage sich von der Gemeinschaft fernzuhalten hatte.

Der Platz der Weihnachtskrippe

Die Krippe soll wenigstens so groß sein, mahnte bei einer Krippenversammlung im Jahre 1911 ein „uriger" Krippeler, dass man den Platzmangel in der Stube spürt. Man habe, meinte er weiters, auch noch nie gehört, dass einem Vogelliebhaber der Platz für die Vogelsteigen gereut habe. Um so weniger soll uns der Platz gereuen für die Weihnachtskrippe.

Bernd Schneiter aus Inzing

Wenn man eine von vielen Krippenausstellungen besucht, die jährlich von Krippenvereinen in unserem Land zur Weihnachtseinstimmung aufgestellt werden, freut man sich am regen Interesse der Besucher und ihrer Liebe zur Weihnachtskrippe. Leider hört man aber manchmal die Worte: „Ja, so eine Krippe wäre schon schön, wenn wir eine hätten, aber wohin damit...?!" Also kein Platz! Wohl sind heute bei diesen beschränkten Wohnverhältnissen wenig Krippenfreunde in der Lage, sich eine Großkrippe anzuschaffen. Aber trotzdem möchte ich gerade diesen Krippenfreunden ans Herz legen, nicht auf die Größe kommt es an, denn „Wo ein Wille ist, ist auch ein Weg!"

Über der Stubeneckbank ist die Krippe aufgebaut

Die Weihnachtskrippe wird in der Adventzeit aufgestellt. Der schönste Platz ist für eine kleinere Krippe zweifellos unter dem Christbaum oder dem Herrgottswinkel. Sie wird meist erst am Heiligen Abend mit dem Weihnachtsbaum aufgestellt und bleibt bis nach dem Dreikönigstag, solange der Christbaum in der Stube aufgerichtet ist. Meist wurden diese kleineren Krippen in der Schule oder in einem Baukurs nach dem Leitspruch „In jede Familie eine Krippe" gebaut. Sie sind häufig nur mit einfachen Figuren, der Geburtsgruppe und den Drei Königen für den 6. Jänner bestückt. Selten sieht man auf diesen Krippen geschnitzte Figuren von Künstlerhand. Vielfach sind sie aus Papiermaschee oder Plastik angefertigt. In der neueren Zeit allerdings wurden maschinengefräste Holzfiguren der billigeren Plastikfigur - zur allgemeinen Freude - immer mehr bevorzugt.

Bei uns zu Hause ist für die große Weihnachtskrippe der schönste Platz in der Stube vorgesehen. Nicht immer hat man aber die Möglichkeit eine Großkrippe aufzustellen. Meist ist es wirklich aus Platznot nicht immer möglich, seinen Krippenwunsch zu erfüllen.

„Die Hauskrippe hat den schönsten Platz in der Stube"

Die vielen Großkrippen, die in unserem Land noch Gott sei Dank vorhanden sind, stehen großteils in bekannten Krippendörfern, die man auch gerne besichtigen darf. Fünf Tiroler Orte an der Nordkette, entlang der Dörferlinie sind hier erwähnenswert und schrieben auch Krippengeschichte.

Man nennt sie die Martha-Dörfer. Sie sind den meisten Krippenfreunden wohlbekannt. Aus den Anfangsbuchstaben dieser Ortsnamen, Mühlau, Arzl, Rum, Thaur und Absam - letzterer auch als Wallfahrtsort bekannt - entstand so der Name einer ganzen Region. Krippenkünstler, Maler und Schnitzer aus diesen Orten sorgten über viele Generationen um die Entstehung der Weihnachtskrippen, nicht nur in ihren Heimatgemeinden, sondern weit darüber hinaus. So entstanden sehr früh viele wunderschöne Großkrippen, die überwiegend in den großzügigen Stuben der Bauernhäuser ihre angestammten Plätze fanden.

Die Krippenstationen

Die Weihnachtskrippe wird auch die „Freudenreiche Krippe" genannt. Wenn man von den Stationen der Krippe spricht, versteht man, ähnlich den 14 Kreuzwegstationen in der Karwoche, den Ablauf des Weihnachtsfestkreises auf unseren Krippen. Mit der Herbergsuche beginnend über der Geburt Christi, der Verkündigung an die Hirten, die Anbetung der Könige bis hin zur Flucht der Hl. Familie nach Ägypten, mit der das Ende der Krippenzeit wieder eingeläutet wird. Die meisten unserer neueren Krippen haben nur mehr drei Darstellungen: „Die Hirten vor der Krippe" mit dem Hirtenfeld, die „Könige auf der Reise", in Tirol kurz die Reiterei genannt, und die „Anbetung der Weisen". Nicht wenig alte Krippen gibt es noch in unserem Land und wir können stolz darauf sein. Sie zeigen noch Darstellungen, die den Weihnachts-Festkreis noch viel deutlicher zum Ausdruck bringen.

„Die meisten Hauskrippen haben nur mehr drei Darstellungen"

Einige Krippen verfügen über Darstellungen der Herbergsuche, der Beschneidung oder Jesus im Tempel, den Kindermord, Abschied der Könige (z.B. Kirchenkrippe Kufstein) oder die Flucht nach Ägypten. Eher selten, dafür um so sehenswerter findet man die Szenen, Maria Empfängnis, Maria Geburt, Maria Opferung, Maria Vermählung und Maria Heimsuchung. In einigen Fällen aber bekommt man ab dem zweiten Sonntag nach Heilig Dreikönig die Hochzeit zu Kanaan zu sehen, wobei dieser Aufstellung meist ein Platz neben der eigentlichen Krippe eingeräumt wird. Es soll Krippen gegeben haben - ein Beispiel wäre die Haller Krippe - deren Weihnachtsfestkreis mehr als 60 Darstellungen umfasste. Nicht zu verwechseln mit einer Jahreskrippe, die mit der Leidensgeschichte die Fortsetzung hätte. Meist beginnt die Aufstellung der Großkrippen mit dem 1. Adventsonntag. Jene aber, die auch die Geheimnisse des Marienlebens zeigen können, beginnen schon mit dem ersten Sonntag nach Allerheiligen. Diese Darstellungen der Weihnachtskrippe reichen dann bis zum letzten Abendmahl, die am Fasnachtsonntag zur Aufstellung gelangen. Mit der Flucht der Hl. Familie nach Ägypten aber ist für die meisten Krippeler der wehmütige Ausklang des Weihnachtsfestkreises in der Krippe.

Verkündigung an die Maria

„Der Erzengel Gabriel wurde von Gott in eine Stadt Galiläas namens Nazareth zu einer Jungfrau gesandt, die verlobt war mit
einem Mann namens Joseph aus dem Hause Davids. Ihr Name
war Maria. Er kam zu ihr herein und sprach: Sei gegrüßt du begna-
dete! Der Herr ist mit dir. Sie erschrak über diese Worte. Fürchte
dich nicht Maria! Denn du hast Gnade bei Gott gefunden. Und
siehe du wirst schwanger werden und einen Sohn gebären, dem
du den Namen Jesu geben wirst."

Die Verkündigung
Maria Lukas 1,28

Mit der Verkündigung an die Maria durch den Erzengel Gabriel
beginnt das Weihnachtsmysterium. Hier tritt der erste Engel in der
Weihnachtsgeschichte auf, der eine Nachricht Gottes an den Menschen überbringt. In unseren Krippen wird diese Darstellung mit
dem ersten Adventsonntag aufgestellt. Interessant ist dabei, dass
einige zu wissen glauben, der 25. März, jener Tag der Verkündigung an die Maria sei ein Freitag gewesen. Ebenso der Tag der Ankunft der heiligen Familie in Bethlehem und der Todestag Christi.

Herbergsuche

Die Herbergsuche ist nach Überlieferung und aus „Mysterienspielen" des Mittelalters entstanden, und so wurde beim „einfachen Volk" die Darstellung der Herbergsuche immer beliebter. Damals kam bei Adeligen, Reichen und Wohlhabenden diese Aufstellung in ihren Weihnachtskrippen nicht vor, da für sie ein entwürdigendes „Buhlen" nach Aufnahme unter ihrer Würde stand. Nur Prunk und Pomp waren für sie früher standesgemäß.

Man spricht wieder von einem Freitag, an dem die Herbergsuchenden in die Stadt Davids kamen. Jesus wurde zwei Tage später an einem Sonntag im Zeichen des Steinbockes geboren.

„Heute erinnert man sich wieder verstärkt an die Darstellung der Herbergsuche"

Die schöne Aufstellung der Herbergsuche, die nun seit langer Zeit in unseren Krippen in Form einer bettelnden Familie vor einem abweisenden Wirt zu sehen ist, wird meistens neun Tage vor Weihnachten aufgestellt. Interessant ist, dass einige Krippeler von alten Wirtshausnamen wie Stern, Traube oder sogar von „Davidstern" wissen, und davon gerne erzählen! In der heutigen Zeit jedoch spiegelt sich unser Flüchtlings- und Wohnungsproblem in dieser alten Weihnachtsdarstellung und zeigt die Parallelen zur heutigen Zeit nur allzu deutlich auf.

„Als auf der Reise Last, sie niemand nahm zu Gast, erfüllt sich Gottes Wort: Mir gönnet Ruh kein Ort!"

*Herbergsuche von
Franz Seelos*

Geburt Christi

Die Geburt, die wichtigste Darstellung der Weihnachtskrippe - ohne die alles nichts wäre - geschah einsam, in aller Stille, allein, ohne menschlichen Beistand. Nicht einmal Josef war dabei. Er rückte aus, um Hilfe zu holen. War dies Vorsehung? Wir wissen es nicht. Wir wissen nur, dass ab diesen Zeitpunkt der Geburt Christi auch die Krippe lebt.

Verkündigung an die Hirten

Die Verkündigung an die Hirten geschieht mit der Geburt. Während im einfachen Stall zu Bethlehem Jesus in der Krippe zur Welt kam, öffnete sich der Himmel über den bescheidensten Menschen, den Hirten auf dem Felde. Ein Engel stieg zu ihnen herab.

Dieses Hirtenfeld bei Shahour liegt eine halbe Gehstunde berg-
ab von Bethlehem. Dort soll schon David, der Sohn Jesajas seine
Schafherden gehütet haben.

*Verkündigung
an die Hirten auf
dem Felde*

In unseren Krippen bildete das Hirtenfeld einen Teil der Landschaft.
Der Davidsbrunnen auf dem Hirtenfeld erinnert bis heute noch an
damals und ist in mancher Krippe zu sehen.

Anbetung der Hirten vor
der Krippe

Die Hirten eilten - wie die Bibel berichtet - nach der Verkündigung
durch den Erzengel Gabriel zum Stall und waren mit ihren bescheidenen Geschenken die ersten bei der Krippe. Sie waren die ersten
Gabenbringer. Für mich ist diese Aufstellung die „Schönste". Sie
strahlt Ruhe und Demut aus.

Anbetung der Hirten

Anbetung der Könige

Am Vortag des Dreikönigstag werden in der Krippe die Könige aufgestellt. Im Gegensatz zur intimen Szene der Geburt Christi, die verborgen vor aller Welt erfolgte, war die Anbetung der heiligen drei Könige das eigentliche Hauptfest des Weihnachtszyklus. Die Mächtigen der Welt, erschienen vor dem neugeborenen Christus. Sie wurden früher als Magier oder Weisen aus dem Morgenland bezeichnet.

Früher wurden sie als Magier oder die Weisen aus dem Morgenland bezeichnet

Die Flucht nach Ägypten

„In Bethlehem hört Josef im Traum von der Eifersucht des König Herodes und erhält durch einen Engel die Weisung zur Flucht nach Ägypten."

Die Familie flieht mit der schon genesenden Maria. Wir wissen nicht sicher, ob sich dieser Abzug so zugetragen hat. Es hätte allerdings der befohlene Kindermord durch König Herodes ohne die oft bezweifelte Flucht wenig oder gar keinen Sinn gehabt.

Über die Darstellung der fliehenden Familie wussten Krippenfreunde mindestens schon seit dem frühen Mittelalter. Die Maria mit wallenden Gewändern, meist auf einem demütigen Esel im Damensitz gezeigt, die ein Knäblein im Arm trägt. Josef schreitet mit Stab über der Schulter, an dem die symbolischen Windeln, das Wäschebündel und die Wasserflasche hängen. Meist wird der Esel von ihm oder einem Engel geführt.

Eine ungewöhnliche Darstellung der Flucht zeigt die Hl. Familie, wie sie auf einem Kahn nach Ägypten zieht.

Die Flucht als vierte Aufstellung auf der Wörgler Kirchenkrippe wird mit Stolz ab den 20. Jänner gezeigt. Die Besonderheit ist die schöne Figurengruppe, die von einem Engel mit weitem, wallenden Mantel, an den mordenden Söldnern des grausamen Königs vorbei geleitet wird (Seite 152).

Die Darstellung der Flucht nach Ägypten bekommt
man auf Hauskrippen nur vereinzelt zu sehen.

In den Hauskrippen wird „Die Flucht" selten als Einzeldarstellung gezeigt. Vielmehr steht sie als davoneilende Gruppe im hinteren Hirtenfeld, wo meistens durch einen gemalten Weg im Hintergrund die Absicht voll zur Geltung kommt.

Krippe und Christbaum

„Der Christbaum ist der schönste Baum,
den wir auf Erden kennen"

Zu Beginn des 19. Jahrhunderts hielt in den Alpentälern der Christbaum seinen Einzug. Wenn auch nicht rasant, nein, zuerst ging's in den Städten los, dann langsam aber unaufhaltsam in den Seitentälern und nach dem ersten Weltkrieg hat dieser schimmernde Brauch auch das hinterste Bergdörflein erreicht. Krippe und Christbaum gehören zusammen, predigte ein Pfarrer in der Hofkirche in Innsbruck am Hl. Abend 1993. Die Aufrichtung eines Christbaumes ist zwar nicht aus der katholischen „Heimat" gekommen, er entstammt aus der Tradition evangelischer Christen und hat einstweilen aber überall Heimat bezogen.

Wir sollen den Namen Christbaum dem Namen
„Weihnachtsbaum" vorziehen.

Wir sollen und dürfen nicht nur unseren Krippen unseren Glauben schenken, wir sind es auch unseren Christbäumen schuldig. Ihr Name ist nicht ohne Grund „Christbaum" und sollten diesen schönen Namen der Bezeichnung Weihnachtsbaum vorziehen.

Christbaum und Weihnachtskrippe

Im Christbaum ist uns ein leuchtendes, duftiges Symbol geschenkt, für das Geheimnis der heiligen Weihnacht: Christus, das Christkind ist uns auf Erden erschienen, mitten unter den armen Menschen, und diese Erscheinung bedeutet Leben, Erlösung, Rettung und ewiges Leben. Die Christbäume, die wir in unseren Wohnungen, an unseren Straßen und Plätzen, in unseren Kirchen und Kapellen aufrichten und in einen wahren Lichtermantel hüllen, mahnen uns mit unseren großen und kleinen Krippen, dass es unzerstörbares Leben gibt, über den Tod hinaus. Und diese grünen, duftenden Christbäume, die wir am Weihnachtsabend anzünden und bestaunen, verkünden uns, fürchtet euch nicht, heute ist euch der Heiland geboren und sie weisen verhüllt auf den Kreuzesbaum hin, auf das Holz des Heiles, des Karfreitag.

Solange der Christbaum steht, ist er ein lebendes Symbol der Weihnacht.

„Hirtenfeld in Bethlehem" -
Ausschnitt aus der Kirchenkrippe Wörgl

Symbole der Weihnachtskrippe

Unter Symbole versteht man Sinnbilder oder Wahrzeichen, die aus sich heraus verständlich und nicht nur bildhafter Ausdruck eines reellen Bildes oder einer sinnbildlichen Handlung sind.
Jede Kultur oder Religion hat ihre Symbolik oder einfacher gesagt ihre eigene Bildsprache. Ihre Bedeutung ist im allgemeinen verständlich, wenn dem Eingeweihten dadurch der Sinngehalt eines Symbols viele Worte erspart.

Vorboten der Krippenzeit

Am Beginn der Adventzeit wird nicht nur die erste Adventkerze angezündet, sondern mit verschiedensten Figuren die Krippenzeit angekündigt. Man sieht in ihnen Propheten des alten Testamentes mit Weissagungen über den Messias und das Kommen Christi. Da gibt es den weißen Reiter. Er ist Symbol für prophetisches Wissen. Pferde und Reiter überbringen Gaben aus einer anderen Welt. Diese Vorboten, auch Vorreiter genannt, sind die ersten Figuren in der Krippe. Oft stehen sie in der Stube, lange bevor die Krippe aufgestellt wird, als Zeichen der kommenden Weihnacht.

Der weise, alte Mann, versinnbildlicht den Propheten des Weihnachtswunders

Ähnliche Vorboten, wie der Adventeintrommler, das Schaf mit der Schelle oder die vielen Engel, die man zu sehen glaubt, lassen die Vielfalt des Kommenden ahnen.

Der weise, alte Mann, der sitzend am Rande der Krippe manchmal gezeigt wird, symbolisiert den Propheten des Weihnachtswunders.

Der Innere Kreis

Zu den Figuren des inneren Kreises, der sich um die Hl. Familie schart, gehören neben den Engeln und Hl. Drei Königen jene drei Hirten, denen vom Erzengel Gabriel die frohe Botschaft der Geburt Jesu mit den Worten: „Fürchtet Euch nicht, ich verkünde Euch große Freude" überbracht wurde.

Es waren jene 3 Hirten, denen Erzengel Gabriel die frohe Botschaft der Geburt Christi verkündete.

Eilig machten sie sich auf den Weg zur Krippe, um beim Kind zu sein und ihre Aufwartung zu machen.

„Zu den Figuren des Inneren Kreises gehören auch Vertreter der Tierwelt"

Ebenso zählt die Tierwelt, die sich um das Kind schart, wie Ochs, Esel oder das vor der Geburtsgrotte liegende Schaf zum inneren Kreis. Es kommen jedoch laufend Figuren und Darstellungen hinzu, so dass der Übergang zum „Äußeren Kreis" fließend verläuft. Alle sind Gabenbringer und Symbolträger.

Der Äußere Kreis

Die Figuren des „äußeren Kreises" sind in ihrer Tätigkeit zwar nicht vom Hauptgeschehen abgewandt, aber doch freier und zeigen sich in den verschiedensten Darstellungen. Sie verkörpern, nicht wie die drei Urhirten alle Menschen, oder wie die Drei Könige alle Macht auf Erden, oder ein einzelnes Schaf beim Stall eine ganze Herde und die paar Engel die himmlischen Heerscharen, nein sie bevölkern die Krippe und verrichten Dinge des täglichen Lebens. Nicht alle sind auf dem Weg zur Krippe, sie verkörpern Berufe und Tätigkeiten.

„Vertreter des Äußeren Kreises verrichten Dinge des täglichen Lebens"

Kranke und Invaliden zeigen sich und machen auf Leiden oder das Wunder Jesu an der Menschheit aufmerksam wie etwa der Loser der nichts hört, oder der Blinde der von einem Engel auf den richtigen Weg geführt wird. Sie bringen oft Lebensfreude, Barmherzigkeit, Armut und Reichtum oder oft ideelle Vorstellungen einer ganzen Region oder Volkes zum Ausdruck. Sie alle gehören zusammen, die Brunnen und Badfrauen, Jäger, Wilderer, Krüppel und Stelzengeher.

Die Heilige Familie

Das schönste Evangelium ist das Weihnachtsevangelium. Ich verkünde euch große Freude oder Friede den Menschen auf Erden. Mit einem solchen Spruchband schwebt der Gloriaengel über der Höhle, über der Hl. Familie.

Was gibt es schöneres, wenn zu Hause in der Adventszeit eine Krippe aufgestellt wird. Ich sehe den Vater, die Mutter, die Kinderschar mit strahlenden Augen und klopfenden Herzen vor der Weihnachtskrippe stehen und hinein schauen in den erleuchteten Stall zum Jesuskind, und zu Maria und Josef, zum Mittelpunkt der Krippe. Zur Heiligen Familie.

„Zur Heiligen Familie gehören Maria, Josef und das Kind in der Krippe"

Vater und Mutter führen das Kind zur Krippe, erklären ihm die Bedeutung und erzählen vom Glück, das die Heilige Familie trotz der Armut, die wir in der Krippe finden, beseelt. Worin besteht dieses Glück? Familienglück besteht aus Vater und Mutter mit ihrem Kind.

Das Christkind

Die Geburt als Ursprung einer Religion und Erlösung der Menschheit zu feiern ist ein überwältigendes Ereignis.

Ihr werdet ein Kindlein finden, das in der Krippe liegt. Heute ist euch der Heiland geboren worden. So lauten die Botschaften, die sogar ein steinhartes Herz zu rühren in der Lage sind.

Vor vielen hundert Jahren schon wurde mit dem Kindlein in der Futterkrippe die Geburt Jesu Christi in unseren Kirchen und Klöstern dargestellt. Mit dieser einen Figur, seiner einzigartigen Aussagekraft und Ausstrahlung haben wir ein Krippengeschehen in seiner einfachsten Art. Das Kindlein ist ärmlich auf Heu oder Stroh gebettet, auf weißem Leinen und in weiße Windeln gewickelt. Im Volksmund ist solch eine Darstellung unter „Wickel- oder Fatschenkindl" bestens bekannt. Das „Weiß" des Leinens und der Windeln verdeutlichen nicht nur die Reinheit und Menschwerdung des Gottessohnes, sondern weist schon auf die Grabtücher seines Todes hin.

Wir Krippeler allerdings stellen uns die einfachste Darstellung einer Weihnachtskrippe so vor: Das Kindlein in der Mitte, zur Linken die Hl. Maria, zur Rechten der Hl. Josef. Mit dieser Hl. Familie wäre eine Krippe vollständig.

„Das Kind ist ärmlich auf Stroh gebettet und in Windeln gewickelt"

Man sollte allerdings wissen, dass Maria und Josef zu früheren Zeiten in unseren Krippen eher nicht vorhanden waren. In der ältesten Darstellung der Frühzeit erscheinen beim Kind in der Krippe der Esel zur Linken und der Ochs zur Rechten. Meistens waren noch Engel und Hirten vertreten, nicht aber Maria und Josef. Erst viel später, etwa im 16. Jahrhundert, kann man Maria und Josef in unseren Krippen finden.

Heilige Maria

Der Titel der Maria ist Gottesmutter. Als spätgeborene Tochter von Joachim und Anna kam Maria entweder in Jerusalem oder Nazareth zur Welt und wurde nach ihrem Dienst als Tempeljungfrau mit dem Zimmermann Josef von Nazareth verlobt. Sie ist in einem jugendlichen Alter von gut 20 Jahren dargestellt. Eine jugendliche Frau mit langem Haar, bedeckt mit einem weißen Tuch, das sie über den Kopf gezogen hat.

„Der Tag Maria Geburt wird am 8. September gefeiert"

Des weiteren trägt sie ein eher dunkelrotes Untergewand und ist mit einem blauen Mantel oder Umhang bekleidet. Sie kniet meist auf der linken Seite neben der Krippe und beugt sich schützend über das Kind. Hinter ihr steht auch der Esel. Man nennt diese Seite auch die Evangelistenseite, die in Richtung Hirtenfeld zeigt. Maria, die Mutter Jesu, die ihren Sohn vom Hl. Geist empfangen hat, symbolisiert die Mutterfigur, Geborgenheit und Liebe.

Den Tag ihrer Geburt begeht man im Heiligenkalender mit dem Fest "Maria Geburt" am 8. September. Andere Feste zu Ehren der Maria sind das Hochfest der Gottesmutter Maria am 1. Jänner, Maria Lichtmess am 2. Feber, Maria Verkündigung am 25. März, Maria Heimsuchung am 2. Juli, Maria Himmelfahrt am 15. August, Maria Königin am 22. August, Maria Namen am 12 September und das Hochfest der unbefleckten empfangenen Gottesmutter Maria am 8. Dezember. Diesen Tag feiern die Christen nachweislich seit dem 11. Jahrhundert. Über keines der großen Marienfeste aber herrscht soviel Unklarheit und Unkenntnis wie über den 8. Dezember, der uns auch unter dem Namen Advent-Frauentag bekannt ist.

*So tritt Mutter
Maria mit dem
Kind auf dem Arm
vor die Könige*

Die Legende erzählt uns:

*Auf dem Weg nach Jerusalem, wohin Maria und
Josef sich anlässlich einer Volkszählung einzu-
finden hatten, kam Maria nach der Weihnachts-
legende in Bethlehem in einem Stall mit dem
Jesuskind nieder, wo die drei Weisen aus dem
Morgenland das Kind anbeteten und beschenkten.
Später geriet die Hl. Familie für einige Zeit nach
Ägypten, um dem Kindermord des Herodes zu
entgehen und kehrte nach dessen Ende nach
Nazareth zurück.*

Matth. 2, 1-15

Symbole der Heiligen Maria

Weiß spricht für die Reinheit - sie hat keine Erbsünde
Rot für Liebe und Göttlichkeit, und
Blau ist für Treue und Christus.

Ihre Symbolblumen sind die Rose, die Lilie und die Akelei. Früher wurden die Krippen und Marienbilder oft mit Muscheln und Perlen verziert. Man sieht darin in Maria die Muschel, die uns die Perle Christus schenkt.

Am 6. Jänner, wenn die Hl. 3 Könige zu Besuch kommen, sitzt das Kind bereits auf dem Schoß der Maria. Auf größeren Krippen wird manchmal diese Aufstellung so gezeigt.

Heiliger Josef

Der Hl. Josef, ein 40 jähriger Mann, ist von Beruf Zimmerer. In der Rolle des Nährvaters sorgt er für die Familie und gibt ihr Schutz und Sicherheit für die Zukunft. Josef hat mehrere Söhne und ist verwitwet. Maria, die einige Jugendjahre im Tempel verbringt, wurde vom hohen Priester Zacharias nach einem Wunder, dem Josef anvertraut, nach dem aus dem Stab, des im Tempel verweilenden Witwer Josef, eine weiße Lilie erblüht. Daher trägt Josef öfters auf Bildern und manchmal in der Krippe einen Stab mit der blühenden Lilie.

Josef ist ein Stadtmensch und wohnt in Nazareth. Darin kommt zum Ausdruck, dass er als Nazarener, der in die Stadt Davids reiste, mit Bauern und Hirten nicht allzu viel gemeinsam hatte.

Josef steht in der Krippe meist auf der rechten Seite.

Dass Josef nicht der Vater von Jesus ist, sondern nur Schutzbefohlener, symbolisiert der Mantel oder Umhang, den er meist mit einer ausgestreckten Hand ausbreitet. Er ähnelt diesbezüglich dem Hl. Georg. Vom Betrachter aus gesehen, steht Josef auf der rechten Seite neben dem Kind. Diese Seite nennt man auch die Epistelseite, von der das Volk und die Könige nahen. Auf der selben Seite steht auch der Ochs im Stallhintergrund.

„Die Seite des Josefs nennt man Epistelseite, von der das Volk und die Könige kommen"

Einige ältere Krippendarstellungen zeigen den Hl. Josef außerhalb des Stalles (Speckbacher, Kirchmair), etwa mit einer Handbewegung aufs Kind zeigend und zum Besuch der nahenden Neugierigen einladend. Auch wenn er oft abgewandt und manchmal außerhalb des Stalles anzutreffen ist, gehört er in das heilige Dreieck der Familie. Man sieht daraus, dass dem Josef eine im Krippengeschehen unwichtige nebensächliche Rolle des Nähr- und Ziehvaters zusteht. Für die Symbolfarben gelten fürs Untergewand und Hose Braun, für den Mantel oder Umhang, der oft gelb oder grün gefüttert ist, Violett bzw. Pflaumenblau.
Der Winkel, die Axt und die Säge deuten auf den Beruf des Zimmerers und gleichzeitig auf das Werkzeug zur Kreuzigung hin.
In vielen Krippen hält Josef eine Laterne oder Kerze. Hier zeigt sich Josef wieder als sinnbildlicher Hüter des ewigen Licht Jesu.

Die Legende erzählt uns:

Auch dem geprellten Bräutigam Josef erscheint der Erzengel Gabriel, der dadurch seine Enttäuschung überwindet und fortan mit ihr in ungeschlechtlicher Ehe („Josefsehe") zusammenlebt.

Matth. 1, 18-24

Des weiteren wird erzählt, dass Josef nach der Ankunft im Stall von Bethlehem, auf Grund der bevorstehenden Niederkunft von Maria nach einer Hebamme gesucht hat, die sich aber zur Geburt verspätete, jedoch eine weitere Frau zur Krippe mitnahm. Man nennt diese Frauen die Badfrauen oder Sybillen. Auf einigen Krippen kann man solche Figurengruppen noch sehen.

Der Krippenstern

In der Bibel steht geschrieben:

*.. da geschah es in der heiligen Christnacht, dass
ein neuer, ungewöhnlich glänzender Stern aufging,
der den anderen Sternen in vielem ungleich war ...*

Dieser Stern soll nicht am Firmament, sondern unter Mond und
Wolken gestanden und mehr als die Sonne geglänzt haben. Der
Stern eilte gegen den Orient und blieb solange stehen, bis sich die
Könige zur Reise fertig machten.

*Der Stern von Bethlehem, mit einem leuchtenden
Kometenschweif, zeigt dem Zug der Weisen den
beschwerlichen Weg nach Bethlehem.*

Er bleibt über der Krippe stehen und seine Strahlenbündel fallen
zur Erde und erleuchten das Kindlein, das hier ärmlich auf Stroh
liegt. Diese Strahlen sind gleichsam die Verbindung zum Himmel,
als sei sie jene Jakobsleiter, auf der die Engel zur Erde steigen. Der
Bethlehemstern, er verbindet Himmel und Erde.
Über unserer Krippenhöhle hängt ein sechszackiger Stern, dessen
Strahlen von oben zum Stall herniederstrahlen. In vielen Krippen
ist der Stern meist mit einem dünnen Draht federnd auf dem Gie-
bel des Stalles befestigt. Das Material ist unterschiedlich, aus Papier oder Stroh gemacht, aus Holz geschnitzt oder gar vergoldet.
Als Sechs-, Sieben- oder Achtstern und einem Kometenschweif ist

er meist dargestellt, und manchmal sogar mit einem Strahlenkranz verziert. Die schlichte Form des Sterns von Bethlehem vermittelt vielleicht am besten das Geheimnis der Geburtsstunde im ärmlichen Viehstall.

„Der Stern von Bethlehem symbolisiert die Verbindung zwischen Himmel und Erde"

Im Brauchtum gibt es bis heute die Sternsinger, die in Verkleidung der Könige mit einem Stern auf einer Stange, singend von Haus zu Haus ziehen. Diesem Stern, der auch auf unseren Krippen den Königen den Weg weist, folgen auch heute noch unsere Sternsinger symbolisch getreu.

Da wäre noch der Kometenstern, der einen langen Schweif nach sich zieht und unheilverkündend seine Bahn über den Nachthimmel zieht, und uns seit Menschengedenken das Fürchten lehrt („Helbob 1997").

Den fünfzackigen Stern, den unregelmäßigen „Drudenfuß" benützen Länder und Weltmächte, der Westen gerade so wie der Osten in ihren Fahnen und Wappen. Russland, Vietnam, China und viele sozialistische Länder wie, Israel und das ganze Judentum benutzen seit Alters her den sechszackigen Davidstern, der aus zwei Dreiecken zusammengestellt ist.

Ochs und Esel

Was bedeuten Ochs und Esel in der Krippe?

In den meisten Weihnachtskrippen finden sich Ochs und Esel. Sie sind keinesfalls nur Zeichen des Stalles oder Ausdruck weihnachtlicher Idylle, sondern die ältesten Anwesen den beim Kind in der Krippe.

Über ihre große Krippenbedeutung soll hier berichtet werden:

Lange zuvor, bevor Maria und Josef den Platz neben dem Kind einnahmen, waren Ochs und Esel schon stumme Zeugen der Weihnacht. Obwohl man sie im Neuen Testament nicht angibt, gehören sie in den Stall zu Bethlehem.

Wo kommen die beiden aber her, von denen die Evangelisten Lukas und Matthäus in ihrer Weihnachtsgeschichte weder berichten noch etwas erwähnen?

Es wird angenommen, dass man circa 700 Jahre vor dem freudigen Ereignis zu Bethlehem durch die Worte des Propheten Jesaja „Der Ochse kennt seinen Besitzer und der Esel die Krippe seines Herrn" Bezug darauf nahm, und sie in die Geburtsgrotte eingliederte.

Ab dem Ende des 1. Jahrhundert, entstehen in den römischen Katakomben bereits die ersten christlichen Fresken und bald werden auch Sarkophage mit religiösen Symbolen und Szenen geschmückt. Jenes Motiv der Heiligen Familie, das uns so vertraut ist, existierte damals nicht. Im Glauben der ersten Christen spielen Maria und Josef noch keine Rolle. In einer Zeit, wo Flucht und Verfolgung keinen Platz für Sentimentalitäten zulässt, haben vielmehr Symbole wie Kreuz, Fisch oder die Vorstellung des guten Hirten den Menschen Kraft gegeben.

„Der Ochs kennt seinen Besitzer und der Esel die Krippe seines Herrn"

Bis Ende des 3. Jh. findet man das Fest der Geburt Jesu in keinem christlichen Kalender. Das ändert sich erst grundlegend im Laufe des 4. Jahrhunderts. Aus dem verfolgten Christentum wird eine Staatsreligion, nach dem sich Christus als der eine Gott unwiderruflich durchsetzt. Nun kann man sich mehr dem Menschen Jesu zuwenden und somit auch seiner Mutter Maria mit Josef. Die Familie bekommt in diesem Zusammenhang erstmals eine zentralere Bedeutung. Der Geburtstag Christi wird erstmals am 25. Dezember um 330 in der Nähe von Rom gefeiert. Es ist die Zeit der Wintersonnenwende. In diesem Jahrhundert entsteht ein Elfenbeintäfelchen, das heute noch in der französischen Stadt Nevers zu bewundern ist. In der Bildmitte sieht man ein bis zum Hals gewickeltes Kind, das auf einem Mauersockel liegt. Aus dem Stallhintergrund blicken Ochs und Esel. Neben dem Kind knien erstmals Maria und Josef. Erst ab dieser Zeit findet man vermehrt Weihnachtsdarstellungen mit der Hl. Familie. In den vatikanischen Museen in Rom befindet sich heute noch aus jener Zeit eine Bildfolge, wo Ochs und Esel ganz nah am Kind auf das gewickelte Kind schauen, während ziemlich weit entfernt Maria auf der linken Seite und ein nachdenklicher Josef auf der rechten Seite stehen. Über allem leuchtet ein Stern. Achtzackig ist in dieser Darstellung der Stern von Bethlehem. Die heilige Zahl 8 steht für Vollkommenheit und symbolisiert die Taufe (Frühchristliche Taufbecken waren „achteckig"!).

„Im 4.Jh. wird aus dem verfolgten Christentum
eine Staatsreligion"

Im Laufe der kommenden Jahrhunderte wird das Bild der Weihnachtskrippe immer deutlicher. Die Hl. Familie an der linken Seite Maria mit dem Kind und zur rechten Josef der Nähr- und Ziehvater. Der Ochse auch Patron des Stalles genannt - das reine Tier - steht hinterm Josef und symbolisiert das Judentum. Der Esel - das unreine Tier - steht für das Heidentum. Zwischen ihnen liegt das Jesuskind in der Krippe, das uns die neue Religion verkündet.
Die Krippe ändert sich grundlegend im Laufe des 4. und 5. Jahrhunderts. Was auf den ersten Blick wie eine naive, einfache Familienszene ausschaut, steckt voller Geheimnisse. Waren es am Beginn nur Ochs und Esel, die dem Kind an der Seite stehen, hat uns die Krippe der heutigen Zeit den Begriff Familie mit Maria und Josef bedeutend näher gebracht.

Der Ochs - Sinnbild für´s Judentum, Symbol für
Kraft und Macht, man nennt ihn auch den „Patron"
des Stalles. Der Esel - Sinnbild fürs Heidentum,
Symbol für Arbeit und Kult.

Die Hirten

Nun eilen die Hirten herbei. Die lieben Hirten. Als erster hat sich der Greis vor die Maria hingekniet. Er ist die Verkörperung der alten Sehnsucht Israels und der Anwalt des vergangenen Geschlechts. Stilles Staunen und Entzücken spiegeln sich in seinem alten, runzeligen Antlitz. Er verschränkt seine hageren Hände und drückt sie ans Herz. Zu seiner Rechten kniet ein junger Knabe, das kommende Geschlecht. Der stärkste unter ihnen ein reifer Mann, steht aufrecht auf einen Stock lehnend und sein verwunderter etwas wirrer Blick hat sich in der Krippe beim kleinen Kindl verfangen. Aus dieser Gruppe von armen Hirten strahlen wahrlich weihnachtliche Freude, naive Heiterkeit, warme Herzensgüte, Hingabe und Seligkeit.

Auf den Hirtenfeldern am Rande von Bethlehem

Wer sind diese Hirten, dieses Hirtenvolk ?

Dieses sogenannte Hirtenvolk sind einfache fromme Leute aus dem Stamme der REHABITEN. Ihr Stammvater ist ein gewisser „Rehab". Ein natürliches Bergvölklein mit gottgläubiger Frömmigkeit und strammer Sittlichkeit. Daneben mit geradem Charakter, Wahrheit und Gerechtigkeitsliebe, heitere Wesen, musikliebend und stammestreu. Sie sind echte Naturkinder gleich unserer „Alpenblumen".

„Die Hirten stammen nicht wie Josef aus königlichen Geschlecht"

Alle kommen zum Ort, der ihnen nicht fremd ist und bringen ihre bescheidenen Gaben und Geschenke, um sie dem Kindlein zu Füßen zu legen. Auch Hüte und Stöcke setzen sie zum Zeichen der Demut ab. Unsere Hirten stammen nicht wie Josef aus königlichem Geschlecht. Sie sind arme, ungebildete Schaf- und Ziegenhüter, die in der heißen Jahreszeit in kühlen Höhlen hausen und erst in den blühenden Wintermonaten auf den saftigen Weiden ihre Herden grasen lassen. Sie sind mutige, hellwache Nachkommen des Rehabitenstammes, und fröhliche musizierende Menschen. Auch sie versinnbildlichen das Bild des „Guten Hirten"

Hirten erzählen sich vom nächtlichen Erlebnis

Was sie von ihrem nächtlichen Erlebnis auf dem Heimweg berichteten, muss nahezu unglaubhaft und überwältigend geklungen haben und hat sie sicher lange beschäftigt. Sie kehren wieder zu ihren Herden heim, da der Morgen schon graute. In der Krippe muss Platz gemacht werden - für die Geschichte mit den Königen.

Die Anbetung der Hirten

Es treten vorerst nur drei Hirten in unseren Krippe auf. Sie versinnbildlichen die drei Lebensalter - 20, 40 und 60 Jahre. Die Namen der „Drei Erzhirten" sind Cyriakus für den Ältesten, Achad für den mittleren und Misael als der Jüngste. Im Alpengebiet auf den heimischen Krippen sind ihre Namen Hanns, Stöffl und Riappl.

Cyriakus

Der 60jährige ergraute Hirt, oft mit einer Glatze dargestellt, legt sein Pinckerl und seinen Stecken hin, um vor dem Kind niederzuknien, wie später auch der alte König. Er wird meistens mit einem „Schaffell" bekleidet dargestellt und hat einen Korb mit Geschenken dabei.

Achad

Ein schwarzer bärtiger 40jähriger Hirte im besten Mannesalter, bekleidet mit einer braunen Kutte, oft mit einem Schaf auf dem Arm, manchmal aber nur mit einem schwarzen Hut in der Hand, vorsichtig dreinschauend, um ein wenig seine Verwirrung und Befangenheit zu überspielen.

Misael

Er ist der „schöne Jüngling", der 20jährige, oft in einem roten Wams bekleidet und meist barfuß dargestellt. Teilnahmslos liegt er im Moos und macht seinem Namen mit „Nichtstun" alle Ehre.

Der junge Hirte treibt seine Schafe aufs Feld

Außer diesen Drei Urhirten eilten, wie uns die Bibel berichtet, auch andere Hirten zum Stall, um dem Kind ihre Aufwartung zu machen. Man zählt sie jedoch zum äußeren Kreis. Sie bringen Gaben und Geschenke und jeder ist durch seine Eigenart und Tätigkeit erkennbar. Im Tiroler Krippenland haben die meisten dieser liebens–würdigen Gesellen einen Namen erhalten. Da gibt's den Maxl, der Stroh bringt, und der Urbal mit dem Leinen fürs Kind. Der Thomal mit seiner Laterne geht schaug`n (Laterne Symbol des Zweifels), der Jackl ist ein rauer Gesell` und der Stachl ist einer, der zu spät kommt, weil er verschlafen hat. Natürlich gibt es auch faule Hirten. Nicht alle aber schlafen. Sie musizieren auf ihren Instrumenten, auf Schalmeien, Flöten und dem Dudelsack, der früher auch in Tirol beheimatet war.

Die Hl. 3 Könige

Was in der heiligen Schrift noch Sterndeuter oder Magier waren, wurde in der Gotik zu Königen, zu Repräsentanten und Regierenden der drei Erdteilen (um 1490 kannte man noch nicht mehr!). So hat die Anbetung der Könige für damalige Menschen die Bedeutung, dass diese hohen Herren nach Gottes Geboten handeln mussten, denn die Regentschaft war von Gott verliehen.

„Um 1490 kannte man nur drei Erdteile"

Versetzen wir uns aber in die Zeit der Geburt Jesu und stellen uns vor, welche Aufregung in Bethlehem geherrscht haben musste, als die mächtigen Könige aus fernen Ländern mit Begleitern, Rössern, Kamelen und Elefanten, mit Dienern und Treibern in die Stadt einzogen.
Nach Überlieferung soll der Ausgangspunkt des Königszuges die Stadt Cassat in Äthiopien gewesen sein, wo Caspar, vom Stamme Ham als König residierte. Die Stadt Saveh in Persien war Treffpunkt der Weisen aus dem Morgenland. Balthasar vom Stamme Japhel kam aus Ägypten und Melchior vom Stamme Sem, reiste aus dem Reiche Babylon an.
Von diesem Treffpunkt, berichtet man, ist es nach Jerusalem ein weiter Weg. Eine unbekannte Reise, die sie unter dem Zeichen eines Sternes, oder eines Kometen, ins Ungewisse antraten (Kometen bedeuteten früher immer als unheilbringend!). Hotel und

Gasthausnamen, wie Stern, König, Mohren oder Elefanten, erinnern heute noch an das Geschehen von Bethlehem.

Sie folgten dem Stern, der ihnen den Weg zur Krippe weißte

Die drei Weisen wurden ja, wie man weiß, von einem Stern nach Westen ins jüdische Land geleitet, dem sie gehorsam nach Bethlehem zur Krippe folgten, nachdem ihnen im Traum der Engel Gabriel erschien und ihnen vom Erlöser berichtete. Magier wurden sie früher genannt, und sie verkörperten die Drei christlichen Völkerschaften: Semiten, Chemiten und Japhetiten. Weiters stellen sie drei Rassen - Afrikaner, Europäer und Asiaten - dar.

Magier nannte man sie früher die Heiligen Drei Könige

Wieder begegnen wir der Zahl drei, die uns im Krippengeschehen so oft unterkommt. Sie versinnbildlichen wie auch die Drei Urhirten die Lebensalter 20, 40 und 60 Jahre.

Melchior, der 60jährige, ist der älteste unter den 3 mächtigen Königen. Ein kahlköpfiger Mann im Greisenalter, leicht gebräunt, von weißer Gesichtsfarbe, kniet nieder und reicht dem Kind als Geschenk eine goldene Schatulle. Krone und Zepter liegen auf dem Kissen am Boden, zum Zeichen der Demut dem König der Könige - Jesus Christus. Melchior bringt Weisheit, Reichtum, Macht und Schönheit in den Stall. Er ist der Lichtkönig, der König aus dem Reiche Babylon. Sein Mantel ist rot mit einem Hermelinkragen dargestellt.

Balthasar ist aus Ägypten. Ein Mann im besten Lebensalter von 40 Jahren, mit heller braungebrannter Haut. Er wird meist bartlos oder mit kurz geschnittenem kräftigem Kinnbart, in einem frischen Braun oder Schwarz gezeigt. Aufrecht steht er in der Krippe und hält in der einen Hand ein Zepter, in der anderen Hand ein Gefäß, worin sich Weihrauch befindet. Dies sind die Zeichen für Opfer und Gebet. Balthasar gilt nach Deutung durch die Legende als der Mann des fruchtbaren Halbmondes von Vorderasien bis Ägypten, und eigentlicher Vertreter des Morgenlandes und des Orients.

Seine Gewänder, das Unterkleid mit Pluderhose, umhüllt von einem Mantel, der faltenreich von der Schulter bis zum Schuh reicht, sind in der Farbgebung ausschließlich in grün gehalten. Turban und Schuhe sind in reicher orientalischer Manier verziert. König Balthasar strahlt Tatkraft, Selbstbewusstsein und Zuversicht aus.

Caspar ist mit 20 Jahren der jüngste unter den 3 Königen. Er ist durch seine dunkle Hautfarbe als Äthiopier der Vertreter für den schwarzen Kontinent und oft als der Mohr bezeichnet. Sein Gewand besteht aus einem gefiederten Turban. Pluder- oder Bundhosen sind seine Beinkleidung. Manchmal wird König Caspar mit einem Schottenrock dargestellt. Ein weiter blauer Mantel reicht von der Schulter bis zu den Stiefeln. Ein Zepter und ein halbmondförmiger Kelch, der mit Myrrhe gefüllt ist, sind die Gaben fürs Jesuskind. In der schillernden Festlichkeit steht er meist etwas hinter den anderen Königen. Sein Ausdruck der Freude aber überstrahlt alles.

Symbole der Drei Könige

Die Bedeutung der Königsgeschenke reicht weit zurück und birgt einen tiefen Sinn. Melchior bringt Gold, als Symbol für Reichtum, Macht, das All und die Ewigkeit.

Weihrauchkessel

Balthasar schenkt Weihrauch aus Arabien, als Ausdruck für Gottesnähe und Menschlichkeit. Caspar bringt Myrrhe aus Afrika, als Zeichen für Andacht, Liebe, Heil und Gebet.

In einer syrischen Deutung sieht man Gold für den König, Weihrauch für den Priester und Myrrhe für den Heiler Jesus Christus.

Von den drei Königen wird der Dreikönigssegen abgeleitet. Eng verbunden ist bis heute, jeweils am 6. Jänner, der weit verbreitete Brauch des Sternsingens.

Am 6. Jänner, dem 3 Königstag wird die Kirchenkrippe
in Wörgl umgestellt. Die Anbetung der Hl. 3 Könige
mit dem Königszug ist bereits die 3. Aufstellung im
Weihnachtsfestkreis.

Cameba

*Das aus den Anfangsbuchstaben der Hl. Drei Kö-
nige gebildete Zeichen CAMEBA - C+M+B - gilt
als zauberkräftige Deutung. So soll die mit Kreide
angebrachte Cameba, Gegenstände oder Gebäude
vor dem Zugriff von Dieben bewahren. Außer den
Anfangsbuchstaben der drei Heiligennamen stehen
die Buchstaben C+M+B für die Abkürzung des la-
teinischen Satzes Christus Monsionem Benedicat,
mit der Bedeutung auf Deutsch: Christus segne
dieses Haus. Am Dreikönigstag werden mit einem
Kreidezeichen die Vornamen der Könige zwischen
den Jahreszahlen auf die Haustüre gezeichnet.*

Die Krippenengel

*„Es erschien über den Ruinen in lichter Höh der
Gloriaengel, mit weiten farbigen Flügeln, das
Spruchband in seinen Händen ausgebreitet,
auf dem geschrieben steht:*

„Gloria in Excelsis Deo" - Friede den Menschen auf Erden

Das Christentum kennt eine lebhafte Engelverehrung

Man verehrt sie als übermenschliche Wesen, die als Mittler zwischen Gott und den Menschen dienen. Als Bewohner des Himmels werden Engel geflügelt dargestellt. Früher waren sie oft als flügellose Jünglinge abgebildet. Es hat schon etwas auf sich mit den Engeln. Je mehr Engel eine Krippe zeigt, desto himmlischer erscheint sie, und jedes Kind weiß, was Engel sind. Sie sind die Boten Gottes und bestimmen mit einer Selbstverständlichkeit die Weihnachtswelt.

Über dem Stall schwebt ein Engel ...

Wenn die Krippe nicht zu klein ist, fliegt über dem Stall der Gloriaengel mit dem Schriftband „Ehre sei Gott in der Höhe und Friede den Menschen auf Erden, die guten Willens sind". Obwohl dieser Engelsjubel, wie in der Bibel berichtet, sich auf dem Hirtenfeld ereignete und dort die himmlischen Heerscharen einstimmte, überträgt er sich auf den Stall in der Herberge, erfüllt die Krippe und die ganze Weihnachtsgeschichte. Die Erzengel sind dabei die herrlichsten und wichtigsten Engel auf unseren Krippen.

Gottvater Gloriole aus den Ausschneidebögen vom Historienmaler Heinrich Kloibenschedl (1849 – 1929)

Um die Engel entwickelte sich im Mittelalter eine Hierarchie, die neun Rangordnungen kennt und man spricht von himmlischen Heerscharen, deren Namen und Ränge teilweise voneinander etwas abweichen.
Hier eine Übersicht, nach gängigen Vorstellungen in aufsteigender Rangordnung.

1. Angeli, Engel der niederen Rangordnung
2. Archangeli, die Erzengel
3. Potestates
4. Prinzipalis
5. Dominationes
6. Herrschaften
7. Thronen
8. Cherubim
9. Seraphin mit der höchsten Rangordnung

Eine besondere Klasse der Engel sind die vier Erzengel. Michael, Gabriel, Raphael und Uriel sind ihre Namen.
Gabriel, der Vertraute Gottes. Gabriel erscheint in Josefs Träumen, bei Maria zur Verkündigung, bei den Hirten auf dem Feld und bei den Königen im Traum.

In der Krippe ist Gabriel der Verkündigungsengel im weißen und goldenen Gewand mit dem Stab des Friedens (Stern) oder des Kreuzes und der weisenden Geste. Gabriel ist auf unseren Krippen der wichtigste Engel.

Erzengel Michael, mit Schwert und Heroldstab dargestellt, auch als Bannerträger und Drachentöter bekannt, ist manchmal auf der Krippe als Frohlockengel zu sehen. Er hat aber im Krippenwesen so gut wie keine Bedeutung.

In einer der höchsten Rangordnungen der Engel stehen die SE-RAPHIM, dargestellt mit 6 Flügeln und roten Gewändern, sowie die CHERUBIM, mit 4 Flügeln und blauen Gewändern, sie stehen in der Rangordnung etwas darunter. Man sieht sie meistens in Wolken und Gloriolen. Ihre Aufgabe wird in der Bewachung zum Tor des Paradieses wahrgenommen. Eine weitere Gruppe sind die Heroldsengel - besser bekannt unter dem Namen „Weis-Engel". Sie stehen in der niedersten Rangordnung und gleichen der äußeren Gestalt den Erzengeln, die den „Weisen aus dem Morgenland" und der Hl. Familie den Weg nach Ägypten, aber auch allen anderen Unwissenden den Weg weisen. Im Volksglauben beliebt sind auch persönliche Schutzengel. Am 2. Oktober begehen christliche Verehrer das Schutzengelfest.

Aussendung der Weihnachtsengel.
"Fliegt's auf die Welt,   seid's brav u. nett,
    in Stadt u. Land,   macht mir koa Schand,
die Weihnachtsfreud ansagen,   ich täts ja doch erfragen."

Weihnachtskarte von Franz Bachlechner 1923 Musizierende Weihnachtsengel auf dem Weg zur Erde

„Fliegt's auf die Welt, in Stadt und Land die Weihnachtsfreud ansagen, seid's brav und nett, macht mir koa Schand, ich täts ja doch erfahren."

Die Musikengel spielen alle Instrumente der Hirten und des Volkes wie Flöte, Geige, Harfe und Trompete. Sie beleben auf eine besonders reizvolle Art unsere Krippen.

Knechte - Treiber - Viehhirten

Solche und ähnliche liebe Krippenfiguren bevölkern unsere Krippen. In allen Altersgruppen treten sie auf, mit Werkzeugen und Geräten, die so manchem von uns nicht mehr bekannt sind. Von der Kraxe bis zur Umhängetasche, vom Holzschuh bis zum Trachtenhut, mit einer Pfeife oder einer Vogelsteige, mit dem Stecken oder der „Wurfkelle" stehen sie auf unseren Krippen. Mit Gaben aller Art und den verschiedensten Mitbringsel auf dem Buckel oder nur einen Wanderstab in der Hand, eilen sie zum Stall.

Diese Figuren des Äußeren Kreises sind freier, denn sie repräsentieren nicht wie die drei Ur-Hirten alle Menschen oder die drei Könige - alle Macht auf Erden. Deswegen müssen auch nicht alle auf dem Weg zur Krippe sein. Einige arbeiten, andere stehen, sitzen und faulenzen, oder sind im Gespräch mit dem Nachbarn, treiben ihren Esel und hüten die Schaf- und Ziegenherden. Aber alle gehören zusammen und bilden eine Gemeinschaft, die „Jungen wie die Alten"!

Die „Jüngeren"

Sie stehen fürs Kommende, Werdende, Aufstrebende und stehen am Beginn des Lebens. Sie sind voll von Kraft und Energie, weltoffen, „alles noch vor sich habend", neugierig, ein wenig frech und spritzig, eher unvorsichtig und risikofreudig. Dies ist bezeichnend und symbolhaft für unsere junge Generation.

Die „Alten und Greise"

Sie sind die Weisen und Ruhigen. Vorsichtig und schlau, erfahren und vom Leben geprägt, ergraut oder glatzköpfig stehen sie im Leben, gebrechlich jedoch und gebückt sind sie vom Alten bis zum Greise. Sie sind gezeichnet vom langen, arbeitsamen und oft harten Leben. Der letzte Lebensabschnitt, die Krankheit, der Tod, am Ende eines Lebens.

Arbeiter auf der Krippe

Das „Junge und Alte" harmonisch in einer Gemeinschaft leben können, sieht man am besten auf unseren Krippen. Es wäre aber müßig, hier alle Arbeiten und Tätigkeiten eines Hirten oder Bauern aufzuzählen. Nur soviel soll erwähnt sein, dass unsere Lebensmittel, das Wasser, das Brot, der Wein, das Fleisch, die Wolle, das Obst oder das Olivenöl, seit Menschengedenken vom Bauern für sich und sein Volk erzeugt wurden. Durch unsere Krippenfiguren bringt man dies symbolhaft zum Ausdruck.

Der Drescher

Er zeigt eine bäuerliche Tätigkeit mit großer Bedeutung. Diese Arbeit muss im Herbst und im Winter getan werden. Brotmehl zum Backen und Saatgut fürs kommende Jahr werden gebraucht. Er zeigt uns auch eine Tätigkeit, die viele von uns nicht mehr kennen, da diese Schwerarbeit schon längst von Maschinen übernommen wurde.

Der Senner

Senner und Sennerin sind unsere Landschaftspfleger. Sie bewirtschaften unsere Almen, betreuen unser Vieh, ähnlich den orientalischen Hirten auf dem Hirtenfeld. Alle bäuerlichen Arbeiten werden von ihnen verrichtet. Auf unseren Krippen kann man immer wieder solche eindrucksvolle Figurengruppen sehen, die dieses schwere Arbeitsleben aufzeigen.

Der Salzer

Der Salzer, meist ein sitzender, alter Hirte wird oft mit einer Pfanne oder Schüssel zwischen den Knien, in der sich Salz für seine Tiere befindet, dargestellt. Meist ist er von Schafen umzingelt, die sich an die Leckschüssel drängeln. Salz unser wichtigstes Mineral, lebenswichtig für Mensch und Tier.

Der Hirt mit der „Leck" für seine Schafe von Josef Bachlechner

Die Wasserträgerin

Ohne Wasser kein Leben. Eine junge hübsche Magd, trägt auf ihren Schultern oder dem Kopf einen Wasserkrug. Wasser die Quelle des Lebens. Mit Wasser wird die Erlösung der Erbsünde, durch die Taufe symbolisiert. Unser Erlöser - Jesus Christus - er ist das Wasser des Lebens.

Die Weinbergarbeiter

Kundschafter als Symbol der Fruchtbarkeit

Mit Spaten, Schaufeln, Hacken und Bottichen auf dem Buckel ziehen sie zur Weinlese. Den Wein, der in der Hl. Messe in das Blut Jesu verwandelt wird, stellt man auf der Krippe mit zwei Weinbauern dar, die auf einer Stange hängend eine übergroße Traube zur Krippe tragen (Inzing). Sie bezeugen die Paradiesnacht, erinnern an die von Moses geschickten Kundschafter, die aus dem Land Kanaan mit einer riesigen Weintraube als Zeichen der Fruchtbarkeit heimkehren und stellen das Gleichnis vom Weinberg dar. Das Leben auf dem Hirtenfeld, ist meist karg und einsam.

Weintrauben als Zeichen der Fruchtbarkeit

Die schlafenden Hirten

Sie kauern und lungern ums Lagerfeuer und begegnen uns ziemlich oft auf unseren Krippen. Sie gleichen den schlafenden Jüngern am Ölberg, oder der Hirt der sich auf einem Ellenbogen aufstützt und unbeteiligt in die Gegend schaut. Man sieht sie häufig in den Kastenkrippen.

Der Hirt mit dem Stab

Der Hirt mit dem geschwungenen Hirtenstab ist auf alten Krippen vereinzelt zu sehen. Dieser Wurfstock, der am Ende mit einer löffelförmigen Mulde versehen ist, dient zum Austeilen der Leck (Salz) an die Schafe. Weiters kann man mit dieser Holzschaufel die Herde gezielt treiben. Normalerweise ist dies die Aufgabe des geschulten Hirtenhundes, der nach Anweisungen des Hirten die Herde leitet. Mit dem Löffel an der Stangenspitze kann der Hirt aber den Hund dadurch unterstützen, in dem er einen, am Boden liegenden Stein gezielt zur Herde schleudert.

Durch den Schreck des auf-
prallenden Steines bewegt sich
die Herde ruckartig „weg" vom
Steinschlag, und wird so gelenkt.
Eine weitere Bedeutung könnte
man an der Form der Schaufeln
erkennen, die oft prunkvoll ausgestattet sind.

Auch unter den Hirten gibt es
eine gewisse Hierarchie und
Rangordnung. Die Form der
Schaufel ist ihr sichtbares Zeichen. Und wenn es einen Ober-
hirten gibt, so würde sich ein
Unterhirte hier gut einreihen.

Den Hirt mit dem geschwungenen Stab findet man in vielen Krippen

„Die Form der Schaufel ist das sichtbare Zeichen des Hirten"

Der Feuerwächter

Der alte Hirt, der für das Feuer verantwortlich ist und das wenige
Holz sparsam auf die Glut wirft, um in den kalten Nächten den
Schlafplatz der Hirten zu wärmen und zu betreuen.
Sie alle sind der Stolz auf einer Krippe, und so mancher hat von
seinem Besitzer sicher schon einen Namen bekommen.

Der geblendete Hirt

Er hält sich eine Hand schützend vor Gesicht und Augen. Er muss
etwas Gewaltiges oder Grelles gesehen haben. Der Verkündigungsengel hat ihn wohl überrascht. Ein Zeitzeuge, der das Un-
glaubliche eben erst verkraften muss.

Die Gabenbringer

Da man unsere Krippen in orientalische und heimische unterscheidet, müssen unsere auftretenden Krippenfiguren den veränderten
Bedingungen zwischen Orient und Heimat einigermaßen entspre-
chen. In der orientalischen Krippe sind die männlichen Figuren in
der Überzahl. Da übernehmen die Hirten die meisten Arbeiten,
und treten auch als Gabenbringer auf. Bei heimischen Krippen
schaut dies schon etwas anders aus. Da gibt's die Bäuerin und die
Magd, die Sennerin, die Dirn und noch andere. Sie alle sind in
unser bäuerliches Leben integriert, so dass auch die Weihnachtskrippe ohne sie nicht aus kommt. Sie werden mit ihren Vornamen
genannt. Aber nicht nur die
„Weiberleut" nennt man hier
bei ihrem Namen, da gibt es
den Natz, den Stöffel und den
Hias, und so mancher Krippeler
wird seine vielen namenlosen
Hirten in Verbindung mit ihrer
Tätigkeit nennen.

Gabenbringer
nennt man sie ...

Der Eierträger

Der Eierträger, der dem Kind die Gaben im Hut oder in einem
Korb bringt, symbolisiert mit dem Ei die Kraft des neuen Lebens.
Das Fruchtbarkeitssymbol schlechthin, nicht nur bei uns sondern
nahezu in allen Kulturen zu finden. Früher spielten Eier zu Weihnachten dieselbe Rolle wie heute zu Ostern.

Demütig kniet der Eierträger vor der Krippe

Der Natz

Der Natz (Ignaz) und die Miazl (Mitzi) in der Tracht mit der „Henne" in einer Steigen oder einfach unter dem Arm. Ein Geschenk fürs Christuskind, um ihm Eier zu legen. Auf unseren orientalischen sieht man hin und wieder eine Frau, aus der Stadt kommend, auf dem Kopf eine runde, weite Steige mit Hühner. Besonders unsere bekannten Krippenschnitzer Gheri und Speckbacher hatten diese reizenden Figurengruppen öfters geschaffen.

Der Lammträger

Dargestellt als gehender Hirte mit einem Lamm auf der Schulter oder auf dem Arm. Die Darstellung des guten Hirten, der sein Liebstes - das reine Lamm - als Opfergabe mitbringt, als Symbol „Christus - Lamm Gottes".

Der gute Hirt mit seinem Lieblingslamm

Der Knecht

Der Knecht oder die Magd mit dem Brotlaib auf dem Arm oder im Korb. Sie bringen der Familie nicht nur Nahrung, man sieht darin auch das Symbol vom Brot des Lebens - das Christus bedeutet. Bethlehem, auch Stadt des Brotes genannt, hat diesen Namen von den vielen umliegenden Getreidefeldern nicht zu Unrecht bekommen.

Der Hirt mit dem Hahn

Meist nur auf unseren heimatlichen Krippen zu sehen. Der Hirt ist meistens in Tracht, der einen weißen, schwarzen oder roten Hahn bringt, das Wichtigste vom Bauernhof. Das Symbol der Fruchtbarkeit, des Lichtes und des Heiles. Der Hahn meldet den anbrechenden Tag und hat auch die Geburt des Kindes gemeldet. Er hat später den Verrat des Petrus angezeigt. Der Wetterhahn bietet Schutz vor Gefahr und meldet den Wind.

Die Apfelmagd

Sie bringt Äpfel und legt sie dem Kind in die Krippe. Auch die vom Hirten im Korb oder Karren als Gaben gebracht, deutet man als Lebensapfel des Paradieses. In der Christusnacht sind sie gewachsen und vom „Apfelbrocker" gepflückt worden. Äpfel sind die Früchte der Unsterblichkeit. Früher galt ein Apfel als schönstes Weihnachtsgeschenk. Er hing auf dem Christbbaum und nicht zuletzt in den aus Tannenzweigen geflochtenen Girlanden der Krippenumrahmung.

Bienenkorbträger

Der Bienenkorbträger mit der Kraxe auf dem Buckel, mit Bienenkörben beladen, steht oft auf der Krippe. Bienen gelten als Sinnbild von höchster Reinheit. Honig ist eine Götterspeise und gilt als die beste Kindernahrung. Er ist eine wichtige Zutat zum Lebkuchenbacken. Aus Bienenwachs erzeugt man Kerzen. Auch Krippenfiguren und das „Wachskindl" werden daraus hergestellt. Weiters wird aus unseren Bienenprodukten das bekannte Heilmittel Propolis gewonnen, Gelee Royal, oder der bekannte Honigwein „Met" erzeugt. Man erkennt darin ein hochwertiges Nahrungsmittel, das schon lange vor unserer Zeitrechnung von Kulturvölkern hoch geschätzt wurde.

Die Handwerker oder das „das Handierervolk"

Der Schmied, Metzger, Schuster, Zimmerer usw. gehören ebenso zum äußeren Kreis der Krippe, wie Salzträger, Vogelfänger oder Scherenschleifer. Da viele Besucher zum Stall kommen, hat der Krippeler die Freiheit, auch seinerseits Figuren auf die Krippe zu schicken, von denen er glaubt, dass sie einen religiösen Bezug zu ihr haben. Allerdings bleibt beim Betrachten älterer Weihnachtskrippen manches rätselhaft.

> *„Beim Betrachten einer Weihnachtskrippe bleibt manches rätselhaft"*

Hat alles, was man auf Krippen zu sehen bekommt einen entsprechenden Sinn, oder entstammt es einfach der Phantasie der Krippeler? Artet diese Phantasie gar in Aberglauben aus? Ich weiß es nicht. So mancher wird sich dazu selbst seine Gedanken machen. Fest steht, dass viele Figuren und Darstellungen, die mit einer Botschaft oder Aussage auf ihrem Platz stehen, ein harmonisches Zusammenspiel des Krippengeschehens darbieten.

Schmied

Den Schmied erkennt man leicht an Kleidung und Tätigkeit. Der Umgang mit dem Element Feuer, das Erweichen des harten Metalls in der Urgewalt der Glut und es mit dem Hammer und Ambos zu formen weiß, hat auf den Menschen immer schon ungeheure Faszination ausgeübt. Mit rußigem Gesicht und meist überdurchschnittlichen Kräften ist der Schmied im Dorf meist der einzige Vertreter seines Berufstandes. Ein unheimlich anmutender Mensch, über dessen Treiben kein Nachbar genaueres weiß. Daher ist es kaum verwunderlich, dass das Schmiedehandwerk von Mythen und magischen Einflüssen umwoben ist. Es versinnbildlicht das Beschlagen des Rades (uraltes Symbol für Geschicklichkeit des Menschen) und das Beschlagen der Pferdehufe mit dem Hufeisen (Symbol für Glück). Viele Pferde und Esel gibt es auf unseren Krippen, die den Schmied notwendig brauchen. Die weitgereisten Könige zum Beispiel brauchen Hufeisen für die Heimreise. Christliche Schutzpatrone der Schmiedekunst sind Florian, Georg Johannes der Täufer Leonhard Vitus Petrus uvm.

Bibelspruch: Wer war der Sohn von Adam und Eva?
„Sein Name war Kain, seine Bedeutung Schmied"

Kaminkehrer

Beim Kaminkehrer versteht man seine Anwesenheit auf unseren Krippen nicht gleich. Er ist mit einer Leiter über den Schultern dargestellt. Man sieht in ihm das Sinnbild für den Übergang von Tag zu Tag, von Jahr zu Jahr, von einer Zeit zur anderen, vom Alten zum Neuen Testament. Die Leiter gilt als Symbol des Glückes und der Fruchtbarkeit (Jakobs- oder Himmelsleiter). Der Kaminkehrer steht nicht auf dem Dach, sondern auf einer Brücke, die gleichsam den Übergang vom alten ins neue Zeitalter darstellt. Er ist ein Glückssymbol am Tag des Hl. Sylvester, dem letzten Tag des Jahres.

Bergleute

Der Bergmann mit der Kohle im Buckelkorb

Die Bergleute als Krippenfiguren sieht man hauptsächlich in Bergwerksgegenden, wie in Hall, Schwaz oder im Ausseer-Land. Sie versinnbildlichen die harte Arbeit der Knappen und sind Glücksbringer. Sie suchen nach Gold, Silber, Edelsteinen und Bergkristallen und verwalten die Urgeheimnisse der Menschheit.

Fischer

Der Fischer mit der Angel, der in der Hl. Nacht den großen Fang macht, ist das Sinnbild des Heiles. Christus wurde auch der Fischer genannt und seit der Frühzeit mit dem Symbol des Fisches darge- stellt - wie auch sein Leben auf dem See Genezareth (Speisenwun- der).

Der Jäger

Der Jäger, Hüter über Wald und Natur, Sinnbild des Hel- den Jesus Christus, der die Welt vom Übel befreit und Ordnung schafft. Der Wilde- rer, sein Gegenspieler, verkör- pert die geheimen Wünsche des Mannes, die Freiheit.

Der Jäger, Hüter des Waldes

Die Kraxenträger

Sie waren es früher, die mit dem Traggestell auf dem Buckel die bäu- erliche Welt mit allen möglichen Waren vom Kamm bis zum Knopf versorgten. Sie waren es, die Krip- penfiguren, Hinterglasbilder (Sandl) und ähnliches hunderte Kilometer zum Verkauf bis in die hintersten Täler austrugen und so zur Verbrei- tung der Weihnachtskrippe beitru- gen.

„Bandlkramer" handelten auch mit Krippenfiguren

103

Anbetung der Könige in der
Seniorenheimkrippe Wörgl
Johann Seisl, 1924

Der Nachtwächter

Nachtwächter war ein angesehener Beruf des Mittelalters, bewachte in der Nacht die Stadt nicht nur vor Feuersbrunst und herumtreibendem Gesindel, sondern war auch als Laternenanzünder tätig, und außerdem die Nacht und den Tag ankündigte. In den Kastenkrippen ist diese Figur öfters zu sehen.

Das gemeine Volk

Was wäre eine Krippe ohne Figuren des „Gemeinen Volkes". Damit meinte man früher einfache, arme Leute. Sie zeigen uns ihr einfaches Leben und bringen Natürlichkeit in die Krippe.

Der Holzsammler

Die Alte, mit dem Holzbündel auf dem Buckel oder im Korb, gibt zu verstehen, dass in früheren Zeiten das Sammeln von Abfallholz im Wald nicht erlaubt war und wie das Wildern bestraft wurde.

Holzfrevel war in früheren Zeiten strafbar

„Vater, lass mi a mitgehn"

Die Figuren „Vater oder Mutter lass mi a mitgehen" sind im Besonderen den Kindern gewidmet. Bereits in frühen Jahren schon wird ihnen durch die Eltern der Weg zur Krippe und zum Christkind gezeigt.

Vater mit Sohn
auf dem Weg
zum Christkind

Die „Wunala"

Es sind die Neugierigen. Manchmal sind es einige Buben, die sich etwas zunuscheln oder Gruppen von Männern, die gestenreich miteinander reden. Auch sie versuchen vom Wunder der Geburt möglichst vielen zu erzählen. Sie gehören zu den ältesten Krippenfiguren und sind Ausdruck menschlichen Verhaltens.

Die Neugierigen
wissen bereits
vom Wunder der
Geburt

Brunnenfrauen

Brunnenfrauen sind die Ratsch-weiber auf der Krippe

Brunnenfrauen sind die „Triefweiber oder Ratsch-weiber" in der Krippe. Im Orient gilt eine Wasser-stelle als Ort der Begeg-nung, als Platz, an dem man sich einmal pro Tag trifft, um Neuigkeiten oder Probleme zu be-sprechen, wo man Freud und Leid einander mit-teilt. Diesen Weibern hat man auch Namen gege-ben. Sie sind standesge-mäß nicht sehr angese-hen, aber aus der Krippe nicht wegzudenken. Die eine heißt „Blondi", die andere „Trieschl" in der heimischen Szene. Sie „Plappern" beim Waschen der Wäsche oder beim Wasser holen, und wissen über alles Bescheid, was sich zugetragen hat. Den Weg zur Krippe aber finden sie nicht.

Einsiedler und Propheten

Dem Einsiedler oder Mönch mit seiner braunen Kutte begegnen wir noch vereinzelt auf der Krippe. Einsiedler, die in der Einsam-keit ihre Erfüllung suchen, gab es schon lange vor dem Christen-tum. Viele christliche Asketen, wie Paulus oder Antonius suchten Erfüllung in der Einsamkeit, um ihr Leben zu vollenden. Auch Jesus, der allein in die Wüste zog, um dort als Eremit 40 Tage zu fasten.

Der Einsiedler vergegenwärtigt in der Krippe den Franziskaner-orden, der sich um die Verbreitung der Weihnachtskrippe sehr bemüht hat.

„Der Franziskanerorden hat sich der Weihnachtskrippe angenommen"

Er wird als der Prophet dargestellt, der das Krippenjahr in der Adventszeit eröffnet.

Man nennt sie Propheten und sind nicht immer leicht zu erkennen. Manchmal stehen sie am Rand des Geschehens (z.B. Prophet Jesajas, auf einem Stein sitzend mit einem Buch in der Hand), oder es sind die Bürgersleute, die sich am Stadttor die Neuigkeit erzählen.

Vereinzelt begegnet man noch dem Einsiedler auf der Krippe

Musikanten

Die Musikanten treten in fast allen Krippen auf. Nicht nur in Engelsform oder als flötende Hirten an Lagerfeuern, sondern in Gruppen, die auf Hirteninstrumenten, wie Flöten, Schalmeien und Dudelsäcken oder auf klassischen Instrumenten, wie Trompeten, Hörnern, Harfen oder Geigen ihre Musik aufspielen.

Häufig sieht man den Schalmeibläser, der mit verschränkten Beinen an einem Baum lehnt oder auf einem Stein hockt und seine Hirtenlieder in die Krippenlandschaft flötet. Auch die bekannte Führichgruppe wird von einem, auf einer Doppelschalmei spielenden Jungen voranschreitend zur Krippe geführt.

Der Dudelsack, ein beliebtes Hirteninstrument

109

Der Geizkragen

Er ist jener Geizkragen, bei dem Maria und Josef vergeblich um Einlass baten. Sein Blick ins Leere lässt ihn das Geschehen in der Krippe übersehen.

Der Wirt

Der Wirt ist der gutgenährte Mann mit Kappe und Schurz. Er hat Josef bei der Herbergsuche zuerst abgewiesen, und dann, als er die Not der schwangeren Maria erkannte, doch in den Viehstall zum Ochsen hineingelassen. Er hat sein unchristliches Verhalten eingesehen und wieder gutgemacht.

Die Armen und Kranken

Nicht selten sieht man auf unseren Weihnachtskrippen arme und kranke Menschen dargestellt, deren Deutung aus einer Zeit stammt, wo medizinische Unterversorgung und Verarmung zu den zwei größten Volksplagen gehörten, unter denen das Volk zu leiden hatte. Man denke an die „Leprakranken". Durch die Wunder Jesu, der Blinde zum Sehen, Taubstumme zum Sprechen und Lahme zum Gehen gebracht hatte. Wir sehen in unseren Figurengruppen Hoffnung, Zuversicht und auch Trost.

Der Krüppel

Auf Krücken Gehende sind manchmal von einem Kind begleitet. Sie symbolisieren die Krankheit, das Leiden, und nicht zuletzt das Alter. Als Krüppel bezeichnet man auch heute noch Menschen, mit fehlenden oder verunstalteten Körperteilen. In früheren Zeiten, wo medizinische Betreuung noch nicht alltäglich war und Verletzungen und Krankheiten nur durch Hausmittel behandelt wurden, führten oft schon kleinere Arbeitsunfälle zum Verlust eines Fingers oder Beines. Das Volk von damals zeigte in den Weihnachtskrippen ihre Not und Gebrechen in Form von „Krüppelmandelen" im wahrsten Sinne des Wortes.

Der Blinde

Der Blinde, häufig ein alter Mann, den ein Kind führt oder der von einem Weisengel auf den richtigen Weg, zum Licht der Krippe gebracht wird. Man deutet durch diese Figurengruppe, auf die bevorstehende Blindenheilung durch Jesus hin.

Der Schwerhörige

Er ist meist in einer gebeugten Haltung mit der Hand am Ohr dargestellt, um die Neuigkcit der Heiligen Nacht zu hören, und zu erfahren. Manchmal sieht man auch einen Hirten, der ein Horn ans Ohr hält um ja nichts zu überhören.

Der Loser hält die Hand ans Ohr um nichts zu überhören

Tiere auf der Krippe

Wohl allen Tieren, die in der Krippe auftreten, werden in irgend einer Form übersinnliche Kräfte zugesprochen. Besonders natürlich jenen Tieren, die als Symboltiere zur engsten Umgebung des Menschen gehören, etwa dem Schaf, dem Hund oder dem Esel.

Tiere aller Art beleben unsere Krippen. Sie eilen, fliegen, hüpfen, springen und rennen zum Stall, wo auch die Hirten hin ziehen. Wir denken aber auch an die vielseitigen Salzkammergutkrippen, auf denen Herden von Vögeln, Haus und Wildtiere sich zur Schau stellen, wie der traditionelle „Himmelshahn", der Pfau, der in unseren Krippen eher selten anzutreffen ist. Seine Herkunft und Bedeutung in der Krippe lohnt aber eine Anmerkung. Die drei goldenen Bällchen, die sein Kopfkrönchen bilden, halten manche Forscher als Symbol des dreifachen Hahnenschrei aus der Geschichte des Petrus, wogegen die Verfasserin dieser Pfaulegende eher das Zeichen der Dreifaltigkeit erkennen möchte.

Dass Götter in Tiergestalt erscheinen können, ist seit altersher bekannt. Entsprechend bevorzugen Geister und Dämonen jede Art von Tierverkleidungen. Hexen sollen besonders gern als Katzen erscheinen, der Teufel schließlich erscheint in jeder Tiergestalt, niemals aber als Taube oder als Lamm.

Man erkennt daraus, dass sich so mancher „Krippenexperte" über die Symbolhaftigkeit seine Gedanken macht. Denkt man aber weiter an die Tiere der Krippe, kommen uns gleich nach den Schafen die zwei Getreuesten des Stalles in den Sinn, der Ochs und der Esel (Eselin).

Der Ochs, der Patron des Stalles

Im Laufe der kommenden Jahrhunderte wird das Bild der Weihnachtskrippe immer deutlicher. Die Hl. Familie an der linken Seite
Maria mit dem Kind und zur rechten Josef der Nähr- und Ziehvater. Der Ochse, auch Patron des Stalles genannt, - das reine Tier
- steht hinterm Josef und symbolisiert das Judentum. Der Esel, - das
unreine Tier - steht für das Heidentum. Zwischen ihnen liegt das
Jesuskind in der Krippe, das uns die neue Religion verkündet.
Die Krippe änderte sich grundlegend im Laufe des 4. und 5. Jahrhunderts. Was auf den ersten Blick wie eine naive, einfache Familienszene ausschaut, steckt voller Geheimnisse. Waren es am
Beginn nur Ochs und Esel, die dem Kind an der Seite stehen, hat
uns die Krippe der heutigen Zeit den Begriff Familie, mit Maria und
Josef bedeutend näher gebracht.

Esel

Der Esel ist ein nützliches Haustier, das als Last- und Reittier im Mittelmeerraum und den Vorderen Orient sehr häufig gehalten wird.
Der sprichwörtlich „Dumme Esel" steht im Ruf ebenso störrisch
wie klug zu sein.
Auf dem Esel ritt Maria, als sie mit Josef nach Bethlehem zog. Auf
der Flucht nach Ägypten führte Josef den Esel, auf dem Maria mit
dem Jesuskind saß. Jesus zog auf dem Esel sitzend am Palmsonntag in Jerusalem ein.

*Der Esel steht für
das Heidentum*

Schafe

Schafe sind der „Schnee auf der Krippe". Ein Krippenfreund wird immer versuchen, seine Krippe mit vielen Schafen aufzustellen. Man sieht Muttertiere mit ihren spielenden Lämmchen, große und kleine, liegende und springende. Man sieht sie meist in Gruppen weiden, oder liegend bei den Hirten am Lagerfeuer. Symbolisch bedeuteten die Schafe früher auch Menschenseelen. Oft sieht man ein einziges Schaf vor der Krippe stehen oder liegen. Dieses einzelne Schaf steht symbolisch für die Tierwelt.

Jesus Christus wird als „Lamm Gottes" bezeichnet. Weide meine Schafe, weide meine Lämmer! Diesen Bibelspruch kennt von uns jeder. Lamm und Schaf sind seit frühester Zeit als Opfertiere bekannt. Im Alten Testament und in der Bibel begeg-nen wir immer wieder dem Schaf als Haustier des Menschen. Es wird berichtet, dass des Hirten liebstes Tier zur Opferung ausgesucht wurde, um Gott ein Dankesopfer darzubringen. Die Blödheit des Schafes ist sprichwörtlich. Widerstandslos lässt sich das Opferlamm zum Altar führen.

Lamm und Schaf sind seit frühester Zeit als Opfertiere bekannt

Die schwarzen Schafe sind in freier Natur durchaus keine Seltenheit. Früher galt das schwarze Schaf, wie alles Schwarze, mit dem Teufel verbunden und war auf den Weihnachtskrippen nicht zu finden. Auf unserer Hauskrippe gibt es allerdings einige schwarze Schafe. Gleichsam als Zeichen der Menschheit mit seinen vielen weißen, jedoch auch einigen schwarzen Schafen. Christus ist das Opferlamm der Karwoche und der gute Hirte seiner Herde.

Symbole:

In christlicher Darstellung erscheint Abel als erster Märtyrer mit einem Lamm. Als Symbol der Unschuld und Geduld ist das Agnus Dei (Lamm Gottes) seit dem 4. Jahrhundert das Sinnbild Christi. Schutzpatron der Schafe und Lämmer ist Johannes der Täufer, der den Begriff vom „Lamm Gottes" prägte (Johannes 1,29).

Ziegen

Ziegen sind gleich unseren Schafen Herdentiere. Sie gehören auch zum Krippengetier und stehen auf heimatlichen und orientalischen Krippen neben den lieben Krippenschafen.
Die Ziege gilt neben dem Schaf in kargen Gegenden auch als Haustier der Armen. Die Symbolkraft des Ziegenbockes und der weiblichen Ziege ist deutlich unterscheidbar. Symbolisiert der Bock Lüsternheit und Lebenslust, versinnbildlicht die weibliche Ziege Genügsamkeit, aber auch Sturheit und Eigensinn.

Die Ziege gilt wie das Schaf als Herdentier

Symbolik:
„Während die bevorzugte Gestalt des Teufels der Ziegenbock ist, sind Lamm und Taube die einzigen Tiergestalten, die dem Teufel verwehrt bleiben."
Diese beiden Tiere sind im Christentum von herausragender Bedeutung.

Steinbock

Steinbock, Hirsch, Reh und Gämse stehen auf unseren heimischen Tiroler Krippen.

„Jesus ist im Zeichen des Steinbocks geboren"

Der Steinbock, der in großer Zahl auch das Heilige Land bevölkert, symbolisiert das Sternzeichen Jesus, der im Tierkreiszeichen des Steinbockes geboren ist. Der Steinbock ist aber auch Symbol der Wahrnehmung und der Erkenntnis. Rehe, Hirsche und Gämsen sind scheue Waldtiere, und stehen oft am Rande unserer heimischen Krippen. Sie beobachten aus der Ferne das Wunder der Christlichen Weihnacht.

Symbolik:
„Der Steinbock symbolisiert die emporsteigende,
von außen nach innen wirkende Kraft"

Hund

Der treueste Gefährte des Hirten ist der Hund

Der wohl älteste Begleiter des Menschen ist der Hund. Somit ist der Hund eines der ältesten Haustiere. Genau wie das Schaf gehört er zur Herde und zum Hirten.

Der dunkle, struppige Hund gilt in der Symbolik als Bild des Heidentums, während der helle, schöne Hund als Glücksbringer und Symbol der Wahrnehmung gilt. Das Schaf, der Hirte und der Hund, diese drei gehören zusammen.

Tauben

*Der Taubenkobel in
der Krippe*

Die Tauben auf unseren Dächern und Türmen, oft fliegend durch
feine Drähte dargestellt, bezeugen die belebte Natur in der Umgebung. Die Taube ist als Opfertier des armen Mannes bekannt. Den
Hl. Geist kennen wir in Form einer weißen Taube in unzähligen
Bildern und Darstellungen.

*Symbolik:
Tauben sind das Symbol des Friedens.*

Pferde

Pferde - dem Wind und Sturm verwandte Sinnbilder - waren in un-
serem Alpenraum schon sehr früh auf der Krippen zu sehen. In
der Krippe sind Pferde für die Könige bestimmt. Der Schimmel für
Melchior, ein Brauner für Balthasar und der Rappe für den König
Caspar. Vom Typ her sind es meistens stolze Araberhengste, mit
geblähten Nüstern und aufgestellter Haarmähne. Früher, als die
Kamele eher unbekannt waren, kamen die Drei Könige auf stolzen
Rössern zur Krippe geritten. Man sprach damals mit Stolz von der
„Reiterei". Später, als die Kamele in unserem Land durch Zirkus
und Menagerien immer bekannter wurden, ersetzte man die geliebten Rösser durch diesen Hauch Exotik. Ein Zirler Krippenschnitzer, der Öfner Xandi, wie er liebevoll genannt wurde, hatte einmal
die große Chance, bei einem Zirkus ein Kamel in „Natura" nach-
zuschnitzen. Dies gelang ihm auch hervorragend. Er war es auch,
der durch seine Schnitzkunst das Kamel in unseren Krippen salon-

Das Pferd, stolzes Tier der Könige

fähig machte. Nur mehr selten bekommt man sie zu Gesicht, die Könige auf Rössern. Von der einstigen stolzen „Tiroler Reiterei" ist nur mehr der Name geblieben.

Kamel

Früher kannte man keine Kamele auf der Krippen. Um die Jahrhundertwende wurden sie vereinzelt als buckelige Rösser von unseren Krippenschnitzern dargestellt. Sie sahen auch dementsprechend aus. Heute wird das Kamel, bekannt als Schiff der Wüste, meist als einhöckeriges Dromedar gezeigt, das aus dem westlichen Asien und Nordafrika kommt. Das Kamel symbolisiert gute Wahrnehmung, Gedächtnis und Gehorsam aber vor allem Genügsamkeit. Das Kamel findet frisches Wasser von weitem. In der Krippe ist es Reit- und Lastentier, ein Fremdling, der immer Bewunderung findet. Erst in diesem Jahrhundert fanden Kamele mit den Hl. Drei Königen den Einzug in unsere Krippen.

Erst um 1900 kamen Kamele auf die Krippe

Elefant

Der Elefant ist auf unseren Krippen wegen seiner Größe eher selten zu sehen. Viel früher jedoch, als Kamele mit den Königen zur Krippe zogen, hat man den Elefanten als Lastenträger gekannt. Er symbolisiert Stärke, Geduld, Weisheit und Glück des fernen Orients. Der fremde Koloss bringt einen Hauch vom fernen Land der Könige auf unsere Krippen.

Der Elefant steht für Stärke, Ausdauer und Geduld

Noch viele unaufgezählte Tiere gibt es auf unseren Krippen zu sehen. Sie vermitteln Heiterkeit und Spiel, vom Hirtenfeld bis zur Geburtshöhle. Vögel des Himmels (die Figur des Vogelfängers) und Tiere des Waldes werden vom Krippenfreund phantasievoll aufgestellt. Merkwürdig ist allerdings, dass unser Katze, als uralter Hausgenosse des Menschen, in der Krippe weder Einlass noch Bedeutung gefunden hat.

„Schafe sind der Schnee auf der Krippe"

Bäume, Früchte und Pflanzen

Immer schon ist den Bäumen auf der Krippe eine besondere Bedeutung zugekommen. Sie beeinflussen den Gesamteindruck der Landschaft, und geben einer Krippe nicht nur Natürlichkeit, sondern helfen durch ihre Eigenart die Krippenart hervor zu heben. Man denke an Palmen, die zwar in Bethlehem nicht beheimatet sind, aber unverkennbar ein orientalisches Symbol darstellen.
Der Ölbaum ist neben der Palme der wohl bekannteste, orientalische Baum. Er bedarf daher auch keiner besonderen Vorstellung. Man erzählt sich, dass einige dieser existenten Riesenbäume am Ölberg bereits vor mehr als 2000 Jahren Zeitzeugen Jesu waren.

Schirmakazien

Bei der Akazie handelt es sich um einen weit verbreiteten Baum, der bevorzugt in Tropen und subtropischen Gebieten vorkommt. Die Schirmakazie ist als Charakterbaum bis nach Ostafrika von besonderer Bedeutung. Von der Ferne betrachtet sind die Umrisse einer Schirmpinie der flachen Baumkrone des Akazienbaumes sehr ähnlich. Sie gehören in die Familie der Kieferngewächse und sind in diesen Regionen beheimatet.
Die Zypresse gehört zu den Zedergewächsen und ist mit seinen nadelförmigen Blättern ein typischer Baum der Mittelmeerregion bis hin zum mittleren Orient.

*„Die Libanonzeder spielte im Orient früher schon
eine bedeutende Rolle"*

In Palästina wuchsen zur Zeit Jesu unter anderem 7 Früchte, von
denen sich die damalige Bevölkerung ernährte. Oliven, Datteln,
Feigen, Granatäpfel, Trauben, Weizen und Gerste.

*Feigenbaum mit
grünen Früchten*

All diese genannten Baum- und Planzenarten, von der Pinie bis zur
Zeder, vom Ölbaum zu Granatapfel, symbolisieren den Baumbe-
stand im Heiligen Land.

Ausschnitt aus dem Königszug der
Kirchenkrippe Wörgl.
Johann Seisl, 1910

Der Ölbaum „Olea Oleaceae"

Der Ölbaum ist ein immergrünes Gewächs und als heiliger Baum, als Charakterbaum des Heiligen Landes bekannt. Er drückt mit seiner Duftigkeit und seinem silbrigen Schimmer dieser Landschaft seinen Stempel auf und ist einer der wichtigsten Kulturpflanzen, deren Wirtschaftlichkeit man sich in diesen Regionen schon lange

*Der Ölbaum,
Charakterbaum
des Hl. Landes
Der Ölzweig wird
am Palmsonntag
geweiht*

vor Christi Geburt zu Nutze machte. Da Ölbäume sehr alt werden, nicht selten einige Tausend Jahre, ist es auch nicht verwunderlich, dass jene Bäume, als Jesus am Ölberg Blut schwitzte, heute noch als Zeitzeugen im Garten Gethsemane zu bewundern sind. Mit Palm- oder Ölzweigen wurde Jesus am Palmsonntag bei seinem Einzug in Jerusalem vom Volk begrüßt. Heute noch werden Ölzweige mit sechs anderen Symbolkräutern am Sonntag vor Ostern, bei der Palmweihe geweiht.

*Legende
„Der Ölbaum spielt besonders in der Bibel eine
wichtige Rolle, war es doch ein Ölzweig, den jene
Taube im Schnabel trug, die von Noah aus der
Arche gelassen wurde, wodurch er Kunde vom
Ende der Sintflut erhielt."*

Die Zypresse

Die Zypresse ist Symbol und Attribut vieler antiken Gottheiten. Ihre Charaktere werden mit Athene, Hera, Artenis, Aphrodite und vielen anderen in Verbindung gebracht. Sie steht für die Unterwelt und versinnbildlicht vor allem Langlebigkeit.
Zypressen findet man auf orientalischen Krippen häufig. Sie stehen zweifellos für diesen Krippentyp neben den Ölbäumen an erster Stelle.

Pinie

Von der Ferne betrachtet sind die Umrisse einer Schirmpinie der flachen Baumkrone wegen dem Akazienbaum sehr ähnlich. Pinien gehören in die Familie der Kieferngewächse und sind ebenso in diesen Regionen zahlreich vertreten.

Zeder

Die Zeder, ein immergrüner, orientalischer Nadelholzbaum hat nicht nur im Süden sondern auch in frostigeren Regionen Fuß gefasst. Die sogenannte Libanon Zeder spielte schon im Altertum als Holzlieferant im Hl. Land eine bedeutende Rolle. Ja man spricht sogar davon, dass die Krippe des Herrn aus diesem Holz gezimmert war. Er ist ein typischer Baum der Mittelmeergegend und reicht bis zum mittleren Orient.

Die Palme

Man unterscheidet mehrere Arten von Palmen. Die Fächerpalme, auch Floridapalme genannt, die Kokospalme und die Dattelpalme. Dattelpalmen, auch Federpalmen genannt, haben ihre Blattstruktur auf jeder Seite der Mittelrippe angeordnet und bilden einen länglichen Wedel. Bei der Fächerpalme hingegen entspringen alle Blätter am gleichen Ort, so dass sie wie Fächer aussehen. Die Palmen wachsen in tropischen und subtropischen Gegenden mit viel Licht, hohen Temperaturen und wenig Luftfeuchtigkeit.
In vielen orientalischen Krippen und Hintergründen sieht man Palmen. Sie sind Zeichen wüstenähnlicher Landschaftsformen (Oasen) und vermitteln orientalischen Charakter. Um Bethlehem gibt

*Die Dattelpalme
gedeiht besonders
im Jordantal*

es auf Grund der Meereshöhe aber wenig Palmen. Die steinige eher karstige Landschaft der Hirtenfelder ist mit Sträuchern und knorrigen Bäumen durchzogen und keine einzige Palme wäre mir hier aufgefallen. Vereinzelt stehen sie in der Stadt und lockern das Bild der Steinmauern etwas auf.

Der Maulbeerfeigenbaum

Der immergrüne Maulbeerfeigenbaum (Sykomore), der bis zu 3 Meter Umfang messen kann, erreicht eine Höhe von bis zu 15 Metern. Man pflanzt ihn hauptsächlich wegen seiner Verwendung als Bauholz. Er gedeiht im warmen Klima der Wüste und des Jordantales. Die Frucht ist eine kleine Feige, saftreich, aber wenig süß.

*Der Maulbeer-
baum gedeiht im
warmen Klima
des Jordantales*

Weihrauchbaum und Myrrhestrauch

Die Drei Weisen aus dem Morgenland beschenkten den Heiland mit Gaben von großer Heilkraft. Sie fanden das Kindlein im Stall, fielen nieder, beteten es an und schenkten ihm Gold, Weihrauch und Myrrhe. So heißt es im Matthäus Evangelium. Nun, mit Gold wissen wir etwas anzufangen. Was steckt aber hinter dem Wohlklang Weihrauch und Myrrhe?

Myrrhe Commiphora - Burseragewächse

Die Myrrhe ist eine Staude, ein Strauch. Unter Myrrhe versteht man das eingetrocknete Harz der arabisch-abessinischer Commiphora-Sträucher. Ein Gummiharz, das zur Salben- und Parfümherstellung verwendet und meist mit der biblischen Weihnachtsgeschichte in Verbindung gebracht wird. Denn Myrrhe gehört zu jenen Geschenken, welche die „Drei Weisen" aus dem Morgenland dem neugeborenen Jesuskind gebracht haben.
Der aus dieser Pflanze gewonnene Myrrhe Balsam wird seit altersher verwendet. Besonders im Altertum verwendete man dieses „Pech" zum Räuchern, das besonders durch seinen fein herben Duft schon damals auffiel.

„Besonders im Altertum verwendete man Myrrhe durch seinen herben Duft zum Räuchern"

Myrrhe ist auch Symbol für den Tod des Herrn. Myrrhe und Aloe gehörten zur ordnungsgemäßen Bestattung eines Leichnams. Bei der Grablegung Jesu soll der Pharisäer Nikodemus hundert Pfund Aloe und Myrrhe zu seiner Einbalsamierung gespendet haben.
Auch die alten Ägypter nahmen es zur Einbalsamierung und schrieben von segensreichen Behandlungen von Wund- und Hautausschlägen. Ebenso priesen die Araber die Heilkräfte dieses Harzes. Der Leichnam Jesu wurde ebenfalls mit Myrrhe einbalsamiert. Dieses Gummiharz wird von den Büschen gesammelt. Es enthält ätherisches Öl, Harz und Gummi. Als Tinctura-Myrrhae hat dieses Harz heute pharmazeutische Bedeutung zur Mundpflege und bei oralen Entzündungen. Bereits im vergangenen Jahrhundert diente eine Mischung aus Myrrhe und Borax in England sogar als Zahnpasta.

Der Weihrauchbaum

Es sind Bäume des südlichen Arabiens, des östlichen Afrikas und des Jemen. Weihrauch ist das Harz aus verschiedenen Boswellia - Baumarten. Einige Regionen leben regelrecht vom Weihrauch-sammeln. Er wurde in der antiken und mittelalterlichen Heilkunde gegen vielerlei Leiden, zum Beispiel Behandlung von Wunden, Blutstillung und sogar gegen Rheumatismus angewandt. Chinesen versuchten mit Weihrauch die Leiden der Leprakranken zu lindern.

„Nach altem Glauben soll der Duft von Weihrauch
die bösen Geister vertreiben"

Beim Erhitzen verbreitet der Weihrauch einen stark aromatischen Geruch und ist für uns Krippeler nicht mehr wegzudenken. Wenn unser Weihrauch besonders gut riecht, ist meist ein wenig Myrrhe mitgemischt. Was wäre Weihnachten ohne den wunderbaren Duft dieser Bäume.

Weihrauch, aus dem Harz der Boswellia - Bäume gewonnen

Nach altem Glauben soll das duftende Harz auch die bösen Geister vertreiben, und dieser Brauch hält sich heute noch. In den meisten Gegenden Österreichs ist es üblich, in den sogenannten Raunächten mit der Räucherpfanne durchs Haus zu gehen, um alle Räume auszuräuchern, damit alles gut geht, im neuen Jahr.
Weihrauchbäume und Myrrhesträucher sind eng miteinander verwandt, deren Harze vielseitig einsetzbar, nicht nur als Weihnachtsrauch. Als Krippenbäume durch Form oder Schönheit haben sie wenig Bedeutung. Dass die Drei Weisen aus dem Morgenland dem neugeborenen Kinde damit aber etwas ganz Besonderes dargebracht haben, ist so auf jeden Fall bewiesen.

Die Mistel

Wer würde sie schon suchen, beachten, schätzen oder heim-
tragen, die Mistel? Wenn sie zur hohen Zeit der Baumblüte sich
anböte, dem Menschen zu dienen, heimgetragen zu werden um
den Kreislauf zu fördern oder den Blutdruck zu regeln. Aber in der
Zeit des Friedens der Heiligen Nacht, wo das Neujahr vor der Tür
steht, da wird sie gesammelt, da wird sie heimgetragen. Im Streit
des Tages mit der Nacht, im Ringkampf des Lichtes mit dem Dunkel in der die Sybillen die Tür zur Unterwelt öffnen und die „Drui-
den" ihre magischen Kräfte verdoppeln, da hilft uns die ungeliebte
Mistel.

*Der Mistel spricht
man magische Ei-
genschaften zu*

Wie auch andere Pflanzen mit magischen Eigenschaften, zeigt sich
auch die Mistel in eigenartiger Erscheinung: wie der Efeu immer-
grün, wächst die Mistel nicht im Boden, sondern sitzt auf anderen
Pflanzen, bevorzugt auf Eichen und Apfelbäumen. Sie schmarotzt
an ihrem Wirtsbaum, indem sie mit Wurzeln in dessen junges,
noch nicht von dicker Rinde geschütztes Holz einwächst und sich
von seinem Wasser und gelösten Mineralstoffen nährt. Wenn der
Mistelzweig austrocknet, färbt sich das Laub goldgelb. Ein solcher
Goldener Zweig eröffnete nach altem Glauben den Zutritt zur Unterwelt.

Granatäpfel

Die Araber wünschen sich den Mannescharakter wie einen Granatapfel. „Bittersüß, mild und liebevoll, mit seinen Freunden in Sorglosigkeit, jedoch erfüllt von gerechtem Zorn in jenen Zeiten, in denen er seine Familie oder seine Nachbarn verteidigt." Die zahllosen Kerne in der Schale des Granatäpfels machen ihn seit altersher zu einem Symbol der Fruchtbarkeit. Im christlichen Mittelalter wurde der Granatapfel zum Symbol der Maria und als Apfel das Symbol der Fruchtbarkeit schlechthin.

Granatapfel, Symbol der Fruchtbarkeit

Kakteen

Die Heimat der Kakteen in regenarmen Wüsten und Steppengebieten Mittel- und Südamerikas. Missionare brachten sie in den Mittelmeerraum. Sie symbolisieren Genügsamkeit und Ausdauer. Es gibt sie heute in mediterranen Zonen und im Orient bis zum Rande großer Wüsten zur Genüge. Da sie aber zum Zeitpunkt der Christi Geburt fast mit Sicherheit in diesem Land nicht wachsen konnten, haben sie für die Geschichte wenig Bedeutung. In unseren Krippen stehen sie, um den Eindruck Orient zu unterstreichen und hervorzuheben.

Unser Krippenvater Seisl mochte Kakteen recht gerne auf seinen orientalischen Krippen. Aus Kürbiskernen die er auf einen Draht auffädelte band er seine Kaktusstauden, bestrich sie mit Leim und tauchte sie in Mohn. Nach dem Bemalen hatte man einen stacheligen Kaktus vor sich.

Kakteen symbolisieren Genügsamkeit und Ausdauer

Der Weinstock

Die Bibel erwähnt an zahlreichen Stellen von der Arbeit im Weinberg und der anschließenden Verarbeitung der Trauben. Ein Psalm bringt den Weinstock als Symbol für ganz Israel. Zwei Kundschafter, die auf einer Stange eine riesige Weintraube tragen, schmücken ihr heutiges Landeswappen.

Das Bild vom Weinberg steht im Neuen Testament auch für Jesus und seine Botschaft, wobei der Weinstock an den Lebensbaum erinnert. Weiters sind die Gleichnisse vom Weinwunder bei der Hochzeit zu Kana und schließlich des Abendmahles, mit der Verwandlung von Wein in das Blut Jesu. In der Krippe symbolisiert der Weinstock die Arbeit im Weinberg Jesu.

Der Weinstock erinnert an den Lebensbaum

Agaven

Agaven in Klein-
format haben in
der orientalischen
Krippe längst ihren
Platz gefunden

Agaven sind artenreiche Sisalgewächse, die in wärmeren Regionen, beispielsweise im Mittelmeerraum gut gedeihen. Sie stammen aus Südamerika und dürften mit den ersten Seefahrern einge-
führt worden sein.

Die Rose von Jericho

Die „Rose von Jericho" oder auch die Hand der Fatima genannt,
ist eine Pflanze, die seit Jahrtausenden die Wüste belebt. Felix
Timmermann, der flämische Dichter erzählt in einer seiner Kurzge-
schichten, wie die „Rose von Jericho" früher nur in der Christnacht
den staunenden Kindern geöffnet wurde und anschließend wieder
für ein Jahr in der Krippenschachtel verschwand.

Rose von Jericho
im aufgeblühten
Zustand, ein
Symbol der
Christnacht.

Ja, sie ist wahrlich eine Krippenblume! Dieses geheimnisvolle Moosfarngewächs ist von seiner Art her viele Mio. Jahre alt und einzelne Pflanzen können durchaus ein paar tausend Jahre alt werden. Vermutlich wurde sie auch deshalb ein Symbol des „Ewigen Lebens". Ich habe gelesen, dass sich die ersten Kreuzfahrer schon nicht erklären konnten, warum ein total verholztes Gewächs nach Jahren wieder zum Leben erwachen kann und so umschrieben sie dieses Mysterium bald mit dem Namen „Rose von Jericho".

Eine Legende erzählt uns von der Flucht nach Ägypten. Als Maria und Josef mit dem kleinen Jesusknaben unterwegs eine Rast machten, legte die Jungfrau Maria die Windeln des Kindes über die „Rosen". Dadurch sollen sie das ewige Leben erhalten haben.

Rose von Jericho im trockenen Zustand

Psalm 1,3 besagt: „Seine Blätter verwelken nie."

In Pharaonengräbern hat man noch lebende Rosen als Grabbeigaben gefunden, die eine Trockenphase von über 4.000 Jahren überstanden haben. Sie vermag lange Zeit in trockenem Zustand zu verharren und erblüht, wenn sie befeuchtet wird. Getrocknet bildet sie einen graubraunen, kugeligen Ballen und breitet sich, wenn sie Wasser bekommt, in Kürze aus. Wer sie zum ersten mal sieht, hält es nicht für möglich, dass aus dieser anscheinend leblosen Knolle in wenigen Stunden ein flaches, samtgrünes Gewächs entstehen kann. In die scheinbar leblosen Blätter kommt neues Leben. Die einzelnen Zweige öffnen sich immer mehr und mehr und in kurzer Zeit ist die Rose wunderbar aufgeblüht. Nur 6 - 8 Tage blüht sie allerdings, denn sie ist eine Wüstenpflanze und braucht wieder Ruhe. Sie rollt sich zusammen und wartet geduldig - oft Jahrhundertelang - bis sie zu neuem Leben erweckt wird.

Krippenbotanik

Mit verschiedensten Sträuchern, Blumen, Moosen und Baumteilen versuchen Krippeler ihre Krippen naturgetreu, wie nur irgend möglich zu schmücken und aufzustellen. Die sogenannte „Krippenbotanik", wie man diesen Krippenschmuck nennt, wird durch ständig neu entdeckte Pflanzenteile und ausgefeilte Techniken immer perfekter, so dass nicht selten eine verblüffende Ähnlichkeit mit den Originalen der Natur erreicht wird.

Nach dem ersten Raureif sind viele Pflanzen eingedorrt. Wundersame anmutige Stängelgebilde strecken sich uns oft entgegen und stehen einladend zum Mitnehmen für unsere Krippe am Wegrand. Dass gerade Bäume und Pflanzen aus dem heiligen Land, wie Palmzweige vom Ölbaum, die Rose von Jericho oder der Granatapfel für uns auch eine symbolische Bedeutung haben, lehrt uns die Geschichte.

Die Pflanzen der Weihnacht, der Christbaum, Tannen oder Taxzweig, der Weihnachtsstern, die Barbarazweige, das „Waxlab", wie es im Volksmund genannt wird, oder die Mistel und noch viele andere, gehören zur Weihnacht wie unsere Weihnachtskrippen. Die besonders schöne Tradition, unsere Stuben damit zu schmücken, reicht bis ins späte Mittelalter zurück und ist bis heute lebendig geblieben.

Die Farben

Was steckt dahinter?

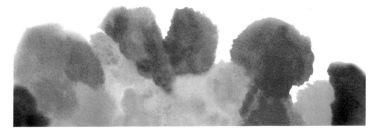

Die Sprache der Farben hat man seit jeher in allen Kulturen gekannt und zu deuten gewusst. Ihr Sinn war nicht immer der gleiche. So

hatten die Chinesen andere Farbsymbole als die Griechen oder Juden. Im heutigen Leben sind Farben oft nur Symbol für Werbung,
Verkehr oder Mode. Sie bestimmen schon weitgehendst unser
Leben. So kann man sich z. B. keinen gelben Kaminkehrer oder
schwarzen Postkasten vorstellen, keine Feuerwehr mit blauen Au-
tos oder Verkehrsampeln mit anderen Farben. Sie sprechen ihre
eigene Sprache und beeinflussen ständig unser Denken.

„Die Farben der Heiligen haben seit altersher
sinntragende Bedeutung"

Die Farben der Heiligen haben seit „altersher" sinntragende Bedeutung und spielen in der Krippe eine umfassende und aufschluss-
reiche Rolle. Da es früher keine Chemie gab, kannte man nur Erdfarben, die aus natürlichen Stoffen gewonnen wurden wie z. B.
Erde, Steine, Pflanzen usw. Die Farbenkraft war nicht so intensiv
wie bei den heutigen Farben, und so erreichte man harmonische,
sanfte, nicht schreiende Farbtöne. Für diese Farbenanwendung
gab es eine geistlich begründete Niederschrift und verbindliche
Regel, die in der Mystik einen Höhepunkt erreichte.

Die Symbolik der Farben und ihre Bedeutung gilt bis heute noch
und hat auch im Krippengeschehen Tradition.

Die Farben unserer Krippenfahne

Wollt ihr echte Krippenfreunde sein, muss man euch an den Farben
der Krippenfahne kennen. Die drei Farben unserer Fahne könnte
man auf folgender Weise deuten.

Rot ist die Krippenliebe,
Weiß ist die Krippenverehrung, und
Gold ist die Krippenförderung!

In manchen Krippen
trägt der erste reitende
König eine wehende
Fahne in den Farben
„Weiß - Rot - Gold",
die Fahne der Krippen-
freunde.

Weiß

Weiß gilt als Farbe der Reinheit, der Klarheit, der Keuschheit, der Unschuld und des Lichts. Im Grunde ist Weiß keine Farbe, sondern geradewegs eine Nichtfarbe. Ein Gegenstand erscheint weiß, wenn das ganze auf ihn treffende Licht von ihm in das Auge des Betrachters trifft. Weiß gilt trotzdem als Farbe der Unschuld, der Hochzeit, der Engel, der Vollkommenheit und der Geburt.

„Weiß steht für Reinheit und Unschuld"

Weiße Kleidung wird von Priestern an katholischen Freudenfesten, vom Papst, von Täuflingen, der Braut bei der Hochzeit und von Kommunionskindern getragen, worin sich die Symbolik der Reinheit und der Unschuld ausdrückt.
In der Krippe gehört weiß zum Kind, zum Lamm und zum Schaf, zum Leinen und zu den Pferden. Der Schimmel gehört zum Hl. Martin. Weiß ist die Überwindung des Todes und der Auferstehung (Totenkleider von Lazarus und Jesus). Weiß ist die Farbe Gottes und des Lichtes - alle Farben des Spektrums vereinigt, ergeben Weiß. Weiß kommt auch in unserer Krippenfahne vor.

Schwarz

Eigentlich ist Schwarz keine Farbe, sondern die Abwesenheit all dieser. Von einer schwarzen Oberfläche wird alles Licht aufgesaugt und nichts wird auf das Auge des Betrachters zurückgeworfen. Darum erscheint eine schwarze Fläche wie die Nacht. Sie gilt als Farbe der Finsternis und wird auch mit der Unterwelt und dem Reich des Todes in Verbindung gebracht. Schwarz symbolisiert die Abwesenheit des Lichtes und ist damit Gegenteil zum Weiß.

„Schwarz symbolisiert das Leiden, den Tod und die Trauer"

Schwarz ist eine liturgische Farbe der katholischen Messe. Sie gilt als Farbe des Leides, des Schmerzes, des Todes und der Trauer. Schwarze Tiere, wie Raben, Krähen, schwarze Katzen und Hunde werden mit dem Teufel in Verbindung gebracht und haben auf der Krippe keinen Platz. Eine einzige Ausnahme nimmt das schwarze Schaf in einer einheitlich weißen Herde ein, es symbolisiert den Außenseiter, der den Weg zur Krippe sucht.

Rot

Rot ist die Farbe des Blutes, des Feuers, des Hl. Geistes, der Liebe, der Königswürde und der Farbe Gottes.
Als liturgische Farbe gilt Rot zu Pfingsten, am Palmsonntag und am Karfreitag.

„Rot ist die Farbe des Blutes, des Feuers und der Liebe"

Sie ist nach biblischer Überlieferung auch die Farbe der Sünde. Die Farbe Rot, mit der im Kalender die Festtage gekennzeichnet sind, stammt aus germanischer Zeit. Damals schon wurden mit roter Farbe die Todestage des Herrn markiert.

Blau

Blau ist die Himmelsfarbe, die Farbe für Luft und Leben. Sie ist das Symbol für Treue, Wahrheit und des ewigen Gottes, der das Leben bringt. Maria trägt einen blauen Mantel. Blau ist die Farbe Jesus bei der Hochzeit zu Kanaan bis zum Palmsonntag.

Gelb

Gelb, die Farbe der Weisheit, des Glaubens und des Hl. Geistes. Als Farbe des Lichts gilt Gelb für die Heilkraft. Gelb steht neben Weiß für die Kirchenfarben, die Farben des Papstes und des Vatikans. Daher auch eine der Farben am Gewand Josefs.

„Als Farbe des Lichtes steht Gelb für die Heilkraft"

Gelb steht gleichsam wie Gold für materiellen Reichtum. Die Besorgnis darum und der Geiz sowie der Neid machen Gelb zum Vorzeichen von Unheil und der Farbe von Neid und Zwietracht.

Grün

Keine Farbe ist dem Auge gefälliger als Grün. Grün gilt als Farbe der Hoffnung, des Wachstums und der Ruhe. Als Mischung aus Gelb für die Vergangenheit und Blau als Farbe der Zukunft symbo-

Ausschnitt aus der Kirchenkrippe Wörgl.
„Der Engel verkündet den Hirten die Neuigkeit, die
sich im Stall zu Bethlehem zugetragen hat".
Johann Seisl, 1910

lisiert Grün die Schöpfung Gottes. Grün ist dem Tierkreiszeichen Steinbock, in dem Jesus geboren wurde, zugeordnet.

„Grün ist die Mischung aus Gelb und Blau"

In der Advent- und Krippenzeit schmückt der immergrüne Adventkranz die Stuben, gleichsam als immergrüne Pflanze, die Ewiges Leben und die Auferstehung versinnbildlicht. Beim Weihnachtsfest macht der lichtergeschmückte Tannenbaum Hoffnung auf die Ankunft des Christkindes.
Am Palmsonntag erinnert der grüne Palmzweig an den Einzug Jesu in Jerusalem. Traditionell wird auch am Gründonnerstag „Frisches Grün" in Form von Spinat gegessen.

Braun

Diese Farbe steht für Erde und Boden und ist Sinnbild der Verbundenheit mit dem Erdboden. Die Erde liefert das Stärkende und das Nahrhafte, was durchaus durch Braun zu deuten ist.
Als Zeichen der Abkehr vom Weltlichen findet sich das Braun in der Mönchskutte der Franziskaner.

Rot und Gold, Königspurpur bedeutet Gott Vater, Macht und Herrschaft, der Mantel des Schöpfers. In der Krippe trägt König Melchior den Purpurmantel als Zeichen des Herrschers und der Macht.

Rot – Gold, als Zeichen des Herrschers

Rot und Blau, blauer Purpur in der Krippe wird vom König Caspar ein blauer Purpurmantel getragen. Die Bedeutung ist Liebe und Wahrheit.

Rot und Grün, grüner Purpur. König Balthasar trägt einen grünen Purpurmantel zum Zeichen von Wachstum und Erkenntnis.

Grün, Blau und Gelb ist die Vereinigung von Glauben und Geist, von Wachstum und Erkenntnis. Sie symbolisiert neues Leben und Werden. Grün ist die Farbe Johannes des Täufers und Johannes des Evangelisten.

Farben der Krippenfiguren

Das Christkind ist mit weißem Leinen bedeckt. Weiß steht für Reinheit, Unschuld und Göttlichkeit.

Die Heilige Maria trägt ein rotes Gewand, einen blauen Mantel, und ein weißes Kopftuch. Rot für die Liebe, Blau für die Treue und Weiß für die Reinheit und der unbefleckten Empfängnis.

Der Heilige Josef trägt ein braunes Gewand, eine braune Hose, und einen blauen oder violetten Mantel, der oft grün gefüttert ist. Braun steht für Verbundenheit mit Erde und Boden. Grün ist die Farbe der Hoffnung und der Ruhe. Die Erzengel zeigen sich meist in weißen Gewändern, die mit Goldborten verschönt sind. Blau für Cherubim, rot für Seraphim.

Erzengel zeigen sich fast immer in weißen Kleidern

141

Weisengel, zeigen sich in allen Pastellfarben rosa, hellgelb licht-
blau, zitronengelb usw.

Die Hirten, alle Erdfarben grün, beige, braun
Die Könige, Purpur rot, grün oder blau
Das Volk, Berufs- und Trachtenfarben

Die Zahlen

Was vorhergehend über Farben gesagt wurde, gilt sinngemäß auch
für Zahlen. Manches Zahlengeheimnis liegt in der Krippe verborgen. Zahlen sind nicht nur zum Rechnen da. Sie zeigen Sinn und
Messbarkeit der Dinge. Bereits aus dem alten Orient ist eine Deutung der Zahlen überliefert, die weit über das reine Zählen hinaus-
geht und man könnte daher sagen, die Zahlensymbolik ist nur in
Vergessenheit geraten.

„Zahlen zeigen Summe und Messbarkeit aller Dinge"

Die Fragen „Was bedeuten Zahlen oder was besagt überhaupt
eine Zahl für sich?" stimmen nachdenklich. So gesehen gehört
nämlich die Zahlensymbolik zum Aberglauben. Denn: Warum
fehlt in Hotelzimmern und Liften die Zahl dreizehn? Warum fängt
der Fasching am 11.11.um 11 Uhr 11 an? Warum gibt es gerade
sieben Zwerge und Sieben Raben oder warum werden bei einem
Wettbewerb nur die ersten drei prämiert. Im europäischen Altertum waren bereits Zahlenverhältnisse grundlegendes Prinzip der

geformten Welt. Ihnen galten schon damals einzelne Zahlen und besonders die Zahl Zehn als Heilige Zahl.

Die Zahlen von Eins bis Zehn markieren Stufen des Lebensbaumes und die Entwicklung der Welt schlechthin. Gerade Zahlen gelten als „weiblich", die Ungeraden als „männlich". Immer wieder auffallend sind bestimmte Zahlen, etwa die Dreizahl oder die Zwölfzahl bei Gottheiten oder die verbreitete Ansicht der Sieben bzw. der Dreizehn als Glücks- oder Unglückszahl.

Eins

Mit der Zahl Eins beginnt die Reihe der natürlichen Zahlen. Der Einzelfall, der Punkt, die Mitte. In der Krippe: das Kind, der Engelsbote, der Prophet, der Einsiedler, der Nachtwächter, der Kaminkehrer. Zwar gibt es jede Zahl nur einmal, doch die Zahl Eins ist unter den Zahlen einzigartig. Sie ist weder Primzahl noch ist sie gerade oder ungerade. Sie ruht ganz in sich selbst und ist in allen anderen Zahlen enthalten. Die Eins ist der Punkt. Mit der wertlosen Null verbindet sich die Eins und sprengt die Dimension der Ziffern als Zehn und die Einheit der Unendlichkeit.

Zwei

Die Teilung, das Paar, das Doppel, die Zwillinge, die Ehe, in der Krippe: Maria und Josef, Ochs und Esel, die zwei Badfrauen od. Sybillen usw. Die Symbolik der Zwei ist zwielichtig, da ihre Zweiteilung Auseinandersetzung in sich birgt. Mit der Teilung der Eins in zwei Hälften findet sich das Bild der Gegensätze, wo gleichzeitig beide Polaritäten in ihr enthalten sind.

Drei

Dreieck, Zelt, Pyramide, Dreieinigkeit, Familie. In der Krippe begegnet man der Zahl Drei sehr oft. Sie ist im Krippenwesen die wichtigste Zahl. Die Dreizahl in der Hl. Familie, in der Begegnung der Drei Ur-Hirten, den Heiligen Drei Königen, der Dreifaltigkeit, der drei Lebensalter oder den drei Jüngern am Ölberg.

> *„Die Zahl Drei ist in der Krippe die bedeutungsvollste Zahl"*

Diese harmonische Dreizahl findet sich auch in vielen weltlichen und göttlichen Vorstellungen. So war beispielsweise die Aufteilung der antiken Welt in Europa, Asien und Afrika schon dreigeteilt. Die Drei findet sich ebenso in den himmlischen Bereichen der Götter, der Unterwelt des Teufels, der Toten und der irdischen Menschheit oder in der Dreizahl Himmel, Erde und Wasser. Wie sich eine dreigeteilte Welt dennoch zu einer einzigen vereint, wissen wir von mehreren Gottheiten, die sich in einem einzigen Gott vereinen.

Die in Europa bekannteste göttlich-christliche Dreizahl besteht aus Vater, Sohn und dem Heiligem Geist. Älter ist die griechische Dreiheit mit Zeus, Poseidon und Hades. Auch bei den Römern gelten Jupiter, Mars und Quirinius als eine Dreiheit und die Ägypter hatten schon auf Grund der langen Geschichte zahlreiche Dreizahlen wie Osiris, Isis und Horus usw. Ebenso haben viele Götter und Helden drei Söhne, wie etwa der biblische Noah den Sem, den Ham und den Japhet. In gewisser Weise kennt auch die christliche Marienverehrung die weibliche Dreiheit als Gottesmutter, die Jesus das Leben schenkt, begleitet und an seinem Grabe steht. Jesus am Ölberg wurde von drei seiner Jünger begleitet und ehe der Hahn krähte, wurde er drei mal verraten. Mit drei Nägeln wurde Jesus Christus ans Kreuz genagelt. In der Krippe brachten die Heiligen drei Könige, Kaspar, Melchior und Balthasar dem Kind drei Geschenke, Gold Weihrauch und Myrrhe. Die drei Lebensalter, zwanzig, vierzig und sechzig Jahre gelten für die drei Urhirten, Cyriachus, Achad und Misael ebenso wie bei den Heiligen drei Königen. Auf dem Hirtenfeld bilden der gute Hirte, der Hund und das Schaf eine Dreiheit der Zusammengehörigkeit.

Die Trinität

Dreifaltigkeit mit Gott Vater, Gott Sohn und dem Heiligen Geist

Die Christliche Vorstellung von der Dreifaltigkeit besteht im Wesentlichen mit Gott als Vater, Jesus als Sohn und dem Hl. Geist. Dem Vater werden die Schöpfung, dem Sohn die Erlösung und dem Hl. Geist die Heilung zugeordnet.

Vier

Die Vierzahl gibt Form und Ordnung. Vier Ecken hat das Quadrat, ein Symbol des greifbaren, des irdischen. Wir sprechen von vier Elementen, von vier Jahreszeiten, vier Himmelsrichtungen und von vier Evangelisten. Das Symbol des Kreuzes teilt die Einheit des Kreises in vier Viertel. Dem biblischen Paradies entspringen vier Flüsse, Pison, Gihon, Hiddeket und Euphrat, (Mos.11-14), wodurch der Garten Gottes in vier Bereiche geteilt wurde. Ansonsten findet in der Krippe die Zahl Vier, mit Ausnahme der vier Adventsonntage, wenig Bedeutung.

Fünf

Eigentlich gehen die Zahlen erst mit der Fünf richtig los. Alles zuvor ist Grundlage. Denn die Fünf markiert die Verschmelzung der ersten geraden mit der ersten ungeraden Zahl (2+3=5), also die Verschmelzung des weiblichen mit dem männlichen Prinzip. Gegenüber der Vier ist aber symbolisch gesehen die Fünf eine eher arme Zahl. Das zeigt sich am Ausspruch, mit dem fünften Rad am Wagen. Mit dem fünften ist sozusagen eines zu viel. Obwohl es fünf Bücher Moses gibt und die fünf Elemente Licht, Luft, Wind, Feuer und Wasser. Der fünfzackige Drudenfuß steht symbolisch für den bösen Zauber.
Sie ist auch eine magische Zahl. Fünfzackig ist auch die kleinste Sternform. Jede Hand hat fünf Finger und jeder Fuß fünf Zehen. Vier Evangelisten bilden mit Jesus Christus eine wichtige Fünfzahl. Der ständig präsente sechste Sinn belegt erneut die Minderwertigkeit dieser Zahl. Die Fünf ist aber auch die Zahl unserer Wahrnehmungsformen. Sie steht für Tasten, Riechen, Schmecken, Hören und Sehen.

„Zahlen zeigen Summe und Messbarkeit aller Dinge"

Sechs

Mit der Sechs kommt die Zeit in unsere Welt. In sechs Tagen schuf Gott die Welt und wenn vor Gott tausend Jahre wie ein Tag sind, dann symbolisieren laut christlichen Geschichtstheologen die Schöpfungstage die sechs Jahrtausende, die die Welt bestehen wird. Zwei mal sechs ergibt die Hälfte von zwölf. Der Davidstern mit sechs Spitzen besteht aus zwei übereinandergelegten Dreiecke.

Sieben

Am siebten Tag ruhte Gott, weshalb die Zahl Sieben heilig ist. Sie ist die Zahl der Vollendung, der Vollkommenheit und vielfach als Glückszahl vermutlich wegen der im Altertum nur sieben erkannten Planeten: Sonne, Mond, Merkur, Venus, Mars, Jupiter und Saturn genannt. Sieben Tage der Schöpfung zur Erschaffung der Welt, sieben Tage der Woche, sieben Brote und Fische wurden verwandelt (das Speisenwunder). Joseph deutete dem ägyptischen Pharao den Traum der sieben mageren und den sieben fetten Kühen.

„Sieben ist die Zahl der Vollkommenheit"

Die katholische Lehre zählt sieben Todsünden: Stolz, Habsucht, Wollust, Neid, Völlerei, Zorn und Faulheit. Ihnen stehen die sieben Tugenden gegenüber: Glaube, Liebe, Hoffnung, Gerechtigkeit, Verzicht, Mäßigkeit und Stärke. Sieben Worte sprach Jesus am Kreuz und das Vater Unser enthält sieben Bitten.

Acht

Ähnlich wie die Fünf ist die Acht symbolisch eher unbedeutend. Es gibt allerdings einen Versuch, die Acht als Symbol der unerkennbaren Ewigkeit und der göttlichen Unveränderlichkeit zu deuten. Die liegende Acht als Symbol steht für die Unendlichkeit. Damit steht die Zahl Vier für Unendlichkeit und Wiedergeburt.

Neun

Die Neun ist in ihrer Symbolik ganz von der Drei abhängig. Neun Monate währt beim Mensch die Schwangerschaft bis zur Geburt. Unser Sonnensystem umfasst neun Planeten: Merkur, Venus, Erde, Mars, Jupiter, Saturn, Uranus, Neptun und Pluto. Das Christentum kennt neun Klassen von Engeln und Engelschören.

Zehn

Zehn ist die Zahl, die potentiell alles umfasst. Zehn Finger und Zehn Zehen symbolisieren körperlich die Bedeutung der Zehn. Als Christen kennen wir die zehn Gebote.

Zwölf

In der Zwölf sind viele heilige Zahlen enthalten. Die Drei und die Vier, die Fünf und die Sieben. Sie ist daher in vielen Kulturen eine heilige Vollzahl oder die heilige Zahl der Vollkommenheit. Aus einem Dutzend bestehen mehrere sakrale Kollegien. Die Griechen kannten zwölf Titanen und den Germanen waren zwölf Asen heilig. Das Christentum weiß von zwölf Jüngern in Begleitung Jesu. Diese Anzahl spielt auf die zwölf Stämme Israel an. Die zwölf Stämme Israel sind zurückzuführen auf die zwölf Söhne Jakobs. Die Zwölf symbolisiert die Ganzheit, die Sternkundigen zählen zwölf Tierzeichen und zwölf Häuser. Zwölf Monate hat das Jahr und zweimal zwölf Stunden hat der Tag. In den zwölf Nächten zwischen Weihnacht und Dreikönig, den Zwölfen oder Rauhnächten, geht die Wilde Jagd um.

Vierzig

Vierzig, die Heilige Zahl der Zeit, 40 Tage und 40 Nächte war Jesus in der Wüste um zu fasten. Zwischen Ostern und Pfingsten stehen 40 Tage. Laut dem Leben Adam und Eva, einer Schrift aus der Bibel, fastete Adam nach dem Sündenfall zur Buße vierzig Tage stehend im Fluss Jordan.

„40 Tage nach Weihnachten endet die Krippenzeit"

40 Tage nach Weihnachten, am Lichtmesstag endet die Krippenzeit. Die Vierzig ist bereits in der Bibel eine häufig vorkommende Zahl, aber auch im katholischen Festkalender spielt der Zeitraum von vierzig Tagen eine bedeutende Rolle.

Der Krippenberg

Stall, Landschaft und Hintergrund einer orientalischen Hauskrippe Die Kirche des Mittelalters stellte die Geburtsstätte des Herrn in ein tempelartiges Gebäude mit Gewölben und Säulenhallen um auszudrücken, dass der Stall von Bethlehem die erste christliche Kirche war. Oft sieht man ein zerfallenes Schloss oder ein burgenartiges Gebäude wie das Schloss Davids. Es ist dies eine eigene Auffassung, dass Jesus, Sohn Davids in einem zerfallenen Stammschloss seiner Ahnen das Licht der Welt erblickte.

Der Kapuzinerpater Gautentius sagte dazu: In der Mitte ist ein Ruinenbau mit zerfallenem Tor und Fensterläden. Das ist das zerfallene Haus von Juda. Und so erschien über den Ruinen der Alten Welt der Heiland und machte alles neu!

Der Krippenbau in unserem Land hat aber nicht nur Höhlen und alte Ruinen in die Krippen gestellt, sondern auch eigene Formen angenommen und den Krippenstall ins Heimatdorf mit vertrauten Bauernhäusern, Ställen, Bergen und Hügeln gestellt. Der Hintergrund stellt oft eine Landschaft unserer Berge dar, und nicht nur des Orients. Es macht uns glücklich, mit diesem eigenen, selbstgebauten Krippenberg unsere Vorstellung der Weihnacht in den Stuben zu verwirklichen.

Da stand ich einmal beim Krippenschauen vor einem selbstgebauten Krippenberg, der unter einem Herrgottswinkel aufgerichtet war. Auf den ersten Blick beeindruckte mich die Höhle und ich fragte den Krippenbauer, „Sag einmal, wo hast du diese schönen Wurzeln und Buchenstöcke her? Da wirst du wohl lange und mühsam danach gesucht haben?" „O mei", war die Antwort. „Suchen darf man die nicht zum Krippenbauen. Beim Suchen da findet man nichts. Da muss man nur so durch den Wald gehen und ein wenig nebenbei hin- und her schauen. Denn da geht's genau wie mit der Liab (Liebe). Ganz unvorhergesehen hat man auf einmal das Richtige gefunden!"

Im Alpenland ist der Krippenberg mit vielen Details ausgestattet. Geburtsgrotte oder Stall stehen meist in der Mitte des Geländes, um den Blick des Betrachters zum strahlenden Christkind hinzuziehen. Links davon stehen Maria, der Esel, die Apfelmagd, dort stehen Bäume und Berge, der Bach, die Brücke, der Zaun und das Lagerfeuer. Bei den Hirten verkündet Erzengel Gabriel das Wunder der Heiligen Nacht. Vom Hirtenfeld führen Wege und Straßen durchs Gelände zur Heiligen Familie.

Rechts im Stall stehen Josef, der Ochs und die Könige. Auf dieser Seite weitet sich die Krippe zur Stadt bis zum Stadttor hin, aus der die Könige und das Volk kommen. Diese Rechts-Links Einteilung gibt uns Richtlinien in der Symbolik, sowohl in der orientalischen ebenso wie in unseren heimischen Krippen.

Landschaftskrippe

Die Landschaftskrippe ist eine ausgewogene Einheit. Sie besteht aus dem Stall, dem Hirtenfeld und der Stadt, bei der die Tiefenwirkung durch Staffelung der Ebenen und durch den Abschluss eines Hintergrundes angestrebt wird. Die gebauten Stadtteile, mit Stadttor und Stadtbrunnen werden meistens vom Hintergrund übergangslos ins weite Land hinausreichend dargestellt.

Wege und Straßen

Wege und Straßen spielen für die Gliederung in der Krippenlandschaft eine bedeutende Rolle. Sie vergegenwärtigen den Aufbruch und die in Bewegung geratene Welt. So fließen Straßen oder beinahe kleine Sträßchen zusammen und ebnen den Hirten den Weg zum Stall. Sternförmig münden alle zu einem Knotenpunkt eines belebten Platz ein. Vom Hirtenfeld können Wege und Pfade eher schmal und einfach zur Krippe führen. Kräftiger dafür muss ein Weg von der Stadt kommend sein, sollte aber nicht zur Krippe führen, sondern sich in der Landschaft oder im Hintergrund, Richtung Ägypten als Fluchtweg verlieren.

Der Stall

Er ist meist zerbrochen und ruinenhaft dargestellt. Alte Burgen, gebrochene Säulen und abgetragene Mauerteile sind nicht nur Zeichen der Krippenromantik, sondern symbolisieren den Niedergang der antiken, heidnischen Welt und weisen auf eine neue Zeit, die mit der Geburt Jesus Christus angebrochen ist. Dieser Geburtstag ist der Tag Null in unserer Zeitrechnung.

*Steinhöhle
mit angebauter
Turmruine*

Der Zaun

In fast jeder Krippe gibt es einen Zaun. Er ist Zweck und Zeichen zugleich und wirkt als schützende Schwelle zwischen Erde und Paradies, zwischen gestern und morgen und verdeutlicht Realität und Krippenwelt. Der eingezäunte Haag oder Weideplatz schützt vor

Der Zaun als schützende Begrenzung

Eindringlingen und hindert das Weidevieh am Auslauf. Sogar der Zaun vor unserer Krippe mahnt uns, bis hierher mit den Fingern und nicht weiter.

Die Brücke

Über Brücken überquert man reißende Bäche, Schluchten und Abgründe. Die Brücke und ebenso eine Treppe symbolisieren den Übergang vom alten ins neue Testament, von der alten in die neue Welt, vom alten ins neue Jahr. Die Brücke fehlt, wenn auch nur als Landschaftsteil gesehen, in kaum einer Krippe.

Brücken versinnbildlichen den Übergang von der „Alten" in die „Neue" Zeit

„Die Flucht nach Ägypten" - Ein Engel breitet über der flüchtenden Familie schützend den Mantel aus und zeigt ihnen den Weg in die Sicherheit nach Ägypten.
Johann Seisl, 1910
4. Aufstellung - Kirchenkrippe Wörgl

Felsen und Berge

In der Landschaft symbolisieren vor allem aufragende Felsbrocken den Fels Christi. Auch Petrus der Fels, wie er auch genannt wird, auf dem Christus seine Kirche bauen will, ist jedem bekannt.
Man sieht auf unseren Krippen des öfteren auch einen Felsen, dargestellt mit der Kirche, die sich schon in der Stunde der Geburt abzeichnete. In unseren heimischen Krippen wird daher gerne die eigene Pfarrkirche ins Baugeschehen einbezogen oder im Hintergrund dargestellt.

Krippenhintergrund mit Zypressen

Die Quelle

Im allgemeinen versteht man mit dem Begriff Quelle eine natürliche Austrittstelle von zuvor im Erdinneren befindlichem Wasser.

„Eine Quelle öffnet den Zugang zum Inneren"

Wo immer auch Bäche und Flüsse entspringen, wohnt den Quellen eine besondere Heiligkeit inne und vielfach werden sie als beseelte Wesen oder als Wohnort geisterhafter Wesen gesehen.
Im Garten Eden, dem Paradies der Bibel, befindet sich eine Quelle, der die vier Hauptgewässer entströmen: Pison, Gihon, Hiddekel und Euphrat.

Der Brunnen

Die Wichtigkeit eines Brunnens ist sprichwörtlich. Er gehört auf die Krippe nicht nur weil Hirten und Schafe dringend Wasser benötigen oder weil die Windeln des Kindes gewaschen werden, sondern weil er auch den Zugang zum Inneren der Erde und zu den Quellen des Lebens verdeutlicht. Der Brunnen in der Krippe symbolisiert den uralten Jakobsbrunnen.

Verschiedenes und Bedeutsames

Mühle und Brot begegnen wir in der Krippen nicht selten. Verschiedentlich findet man Wasser oder auch Windmühlen, die teils auf dem Hintergrund gemalt, ansonsten aber auf die Landschaft gebaut, zu sehen sind. Dass auch auf orientalischen Krippen die Mühle Verwendung findet, ist nicht zuletzt dem Einfallsreichtum der Krippenbauer zuzuschreiben. Der orientalische Mühlstein, uns als Korn oder Ölmühle bekannt, wird meist händisch oder durch einen im Kreis laufenden Esel betrieben. Ich habe auf einer Krippe eine Gruppe von Frauen, ähnlich einer Brunnengruppe gesehen. Die eine treibt die zwei aufeinander sich reibenden Mühlsteine mittels eines kurzen Stockes an, die andere schüttet das Korn ins Mühlsteinloch und eine dritte kniet bei einem Backofen und bäckt die üblichen Fladenbrote. Im Orient ist Brot nicht nur ein Nahrungsmittel. Wasser und Brot waren für viele die einzige Ernährung schlechthin, die sie oft über lange Zeit zum Überleben hatten.

„Brot ist eines der lebenswichtigsten Nahrungsmittel"

Das Hinlegen von Brot vor die Krippe, das Tragen von Brot und Brotkörben von Hirten, Frauen und Kindern, kann ganz natürlich erklärt werden. Ist doch das Brot noch eines der wichtigsten Lebensmittel. Und wenn die Hirten verschiedene Gaben zur Krippe bringen, dann wohl zuerst auch Brot.
Mühle und Brot kann auch leicht symbolisiert werden. Bethlehem wird für gewöhnlich als „Haus des Brotes" bezeichnet und so ist manchem Krippenfreund in den Sinn gekommen, dies durch wirkliches Brot anzudeuten. Jesus sprach: Ich bin das Brot, das vom Himmel zur Erde gestiegen ist. (Joh. 6.51)
In der Krippe liegt das Himmelsbrot. Mit diesen mitgebrachten Geschenken wollen die Hirten auf diese Brotgaben hindeuten.

Krippenmusik und Weihnachtslieder

„Musik ist die einzige, dem christlichen Glauben ent-
sprechende Kunst", sagte schon Richard Wagner.

Unsere Weihnachtskrippe ist ein Freudenquell für uns alle, und wo
Freude ist, erklingen Lieder. Mit dem Christkind sind unsere Weih-
nachts- und Hirtenlieder zu uns gekommen, sie sind die Sprache
des Herzens und der Liebe.

„Musik ist die Sprache des Herzens und der Liebe"

Im geistlichen Volkslied zeigt
sich so recht der soziale Wert
dieser Musik. Wie die Töne
harmonisch zusammenklin-
gen, schließen sich Sänger,
Musiker und Hörer freund-
lich und friedlich zusammen
und erfüllen einander mit
Freude und Liebe, gleichsam
den musizierenden Hirten
und Engeln, die uns mit Flöten, Dudelsack und Posau-
nen die Lieder der Krippe
verdeutlichen.

Altes Heftchen
mit Weihnachts-
liedern

Es gibt keine weihnachtliche
Krippenfeier in der Familie, in
der das uns wohl bekannteste
Krippenlied „Stille Nacht, heilige Nacht", das von Salzburg ausge-
hend die ganze Welt eroberte, am Heiligen Abend erklingt und in
uns Rührung und Liebe aufkommen lässt.

Erfreuet euch ihr Menschen auf Erden, beginnt ein bekanntes Hir-
tenlied aus dem Salzkammergut:

„Freude schafft Frieden, schließt die Herzen
füreinander auf, für den Nächsten, für uns Alle".

Die zeitlichen Widersprüche der Krippe

Die Volkskunst und somit auch die Krippenkunst schuf ihre Werke weit ab von historischer Treue und Forschung. Unbekümmert und sorglos wurde die volkstümliche Krippenkunst betrieben und dabei Zeitverstöße nicht im geringsten beachtet. Von vielen Generationen wurde das heilige Geschehen nach Motiven der Heimat und ihrem jeweiligen Zeittrend in die Krippe gestellt.

Auch Künstler legten oft auf landschaftliche Treue ihrer Heimat mehr Wert als auf geschichtliche Wahrheit. So sieht man auf einer neapolitanischen Krippe zum Beispiel den rauchenden Vesuv, der aber in geschichtlicher Zeit erst 79 Jahre nach Christi Geburt erstmals zum Ausbruch kam.

Für den volkstümlichen Krippenbauer waren auch alle Baustile nebeneinander erlaubt und in Verwendung. Besonders in den Kastenkrippen sieht man Gotik, Barock oder sogar Jugendstil friedlich auf engstem Raum zusammengebaut. Keinen störte dies. Auch durch die Art der Bekleidung konnten oft Rückschlüsse des Alters einer Krippe gezogen werden. So sieht man nicht selten den Heiligen Josef mit der Mönchskutte verkleidet und Hirten mit Lederhosen oder neuzeitlichen Rucksäcken und Taschen.

„Im Krippenbau bleiben Zeitverstöße oft unbeachtet"

Weiters stört uns auch nicht, wenn neben dem türkischen Turban, (Das heilige Land wurde erst eineinhalbtausend Jahre später von den Türken belagert!) Soldaten mit Zwei- oder Dreispitzkappen - aus den Tagen Metternichs - mit Kaiserjägern oder Husarenuniformen zum Stalle ziehen, mit Kanonen oder Gewehren die Krippenstadt bewachen, obwohl das Schießpulver im 13. Jahrhundert erst erfunden wurde. Glocken läuteten 500 Jahre nach Christus zum erstenmal, obwohl sie in manchem Krippenturm hängen. Auf Bachlechner's heimischen Krippen sieht man manchmal einen Hirten mit einem tüchtigen Regenschirm. Auch er wurde erst tausend Jahre später erfunden. In unserer Hauskrippe kniet ein Junge auf dem Dach und schaut mit dem Fernrohr den Königen entgegen. Diese technische Errungenschaft wurde im 16. Jahrhundert entdeckt. Engel und Könige sind in prunkvollen Brokat und Samt gehüllt, obwohl die Byzantiner erst Jahrhunderte später die Herstellung dieser kostbaren Stoffe kannten. Mit neuzeitlichen Musikinstrumenten wie Posaunen, Trompeten, Harfen und Dudelsack verherrlichen Engel und Hirten die Geburt Christi. Ja, sogar verschiedene Pflanzenarten gab es zur Zeit Christi Geburt mit Sicherheit im Heiligen Land noch nicht. Der Kaktus kam erst nach der Entdeckung Amerikas ins Heilige Land, er wurde von Eroberern aus Mexiko mitgebracht. Aus dieser oder ähnlicher Art von Darstellungen auf unseren Weihnachtskrippen kann man auf den jeweiligen Zeitgeist Rückschlüsse ziehen und könnte an dieser Stelle noch manche Ungereimtheit aufzählen. Jedenfalls müsste man sich über „Manches" den Kopf zerbrechen.

Das Fernrohr wurde erst im 16.Jh. erfunden

Die alten Krippeler haben sich allerdings nicht viel den Kopf zerbrochen, ob ihre Krippendarstellungen zeitgerecht und stilecht waren. Sie haben alles für würdig erachtet, in das Gloria der Heiligen Nacht mit einzubeziehen.

159

Das Heilige Land – das Land der Krippe

Das Heilige Land ist geographisch klein, aber es hat eine überaus bedeutsame Rolle in der Geschichte der Menschheit gespielt. Es ist nicht nur ein Land, in dem Ruinen der ältesten Zivilisationen der Welt liegen. Es ist „der Strich Erde", auf dem drei Weltreligionen entstanden sind. Es ist das Land Abrahams, Moses und der Propheten, die mit ihren unsterblichen Worten den Gang der Menschheit die Richtung gewiesen haben zur Gerechtigkeit, Frieden und Bruderliebe, und es ist vor allen das Heimatland Christi. Seinetwegen kamen seit alter Zeit und kommen bis zur Stunde jährlich tausende Pilger aus allen Ländern der Erde, um dieses Land zu sehen, dieses Land, das ihnen vertraut ist seit ihrer Kindheit.

„Im Heiligen Land sind drei Weltreligionen entstanden"

Der See Genezareth liegt in Galiläa. Er ist 21 km lang, 11 km breit und liegt 225m unter dem Meeresspiegel. Der zentral gelegene See war zur Zeit Jesu von 9 Städtchen und Fischerdörfern umgeben. Kapernaum liegt ca. 4 km vom Eintritt des Jordan in den See. Südlich des Seeufers liegen in der Nähe das Örtchen Tabgha, die Stelle der Brotvermehrung und das Fischerdorf Magdala. Das Wasser, das vom Jordan zufließt, ist klar und im allgemeinen ruhig. Aber manchmal verwandelt, wie schon zu Jesus Zeiten, ein plötzlicher und gefährlicher Sturm das stille Wasser in eine tobende See mit hohen Wellen. Zur Zeit Jesu war Galiläa der Kreuzungspunkt vieler Wege nach allen Richtungen. Die guten Verbindungen, die extreme Fruchtbarkeit des Tales und die Schönheit der Landschaft zogen eine beträchtliche Bevölkerung an. An den Ufern des Sees begann Jesus über sein Reich zu predigen und verbrachte hier den größten Teil seines Lebens.

Bethlehem

Für uns Krippeler ist eine der wichtigsten Stätten im Heiligen Land der Ort Bethlehem. Er liegt nur wenige Kilometer südlich von Jerusalem auf felsigen Hügeln, 850m über dem Meeresspiegel. Nach Bethlehem, auch Haus des Brotes genannt, zog auch Josef von Nazareth mit seinem Weib Maria, die ein Kind unter ihrem Herzen trug .

Eine Volkszählung war der Grund der beschwerlichen Reise , die unsere Welt verändern sollte. Die Geburt Jesu machte dieses kleine unscheinbare Städtchen unsterblich, gewann ihr ewigen Ruhm und erhält ihren Namen lebendig, seit mehr als 2000 Jahren.

Alte Ansicht von Bethlehem, der Geburtsort Jesu

Die karge, steinige Gegend um Bethlehem diente früher genauso wie heute als Weideplätze für Schafe und Ziegen. Es waren damals Hirten in derselben Gegend auf dem Felde, die Nachts bei ihren Herden wachten.

Der Engel des Herrn trat zu ihnen und sie fürchteten sich sehr, als er sprach : Fürchtet euch nicht, siehe ich verkünde euch große Freude, die allem Volk widerfahren wird, denn es ist heute der Heiland geboren. Geboren in einem Stall oder einer Höhle zu Bethlehem?

Obwohl das Evangelium nichts über den genauen Ort berichtet, wo die Hirten waren, legt die alte Tradition die Stelle in ein Hirtenfeld, ca. 3km östlich von Bethlehem. So steht es geschrieben. Über der angegebenen Stelle der Geburt Jesu steht seit dem 4. Jahrhundert die Geburtskirche. Einen ersten Bau ließ Helena, die Mutter des römischen Kaisers Konstantin errichten. Im frühen Mittelalter bereits wurde Bethlehem zu einer vielbesuchten, christlichen Pilgerstätte. Zahlreiche Einsiedler und Mönchsgemeinschaften ließen sich in der Folge in dieser Gegend nieder. Von 639 – 1099 stand Bethlehem unter arabischer Herrschaft und verlor an Einfluss. Erst nach der Eroberung durch die Kreuzfahrer um 1099 wurde an die alte religiöse Bedeutung angeknüpft. Als die Moslems 1187 erneut die Herren über Bethlehem wurden, ließen sie die Geburtskirche zwar bestehen, die Bischöfe erhielten aber ihre Bezüge aus Frankreich. Ende des 13. Jahrhunderts verlegte man das Bistum Bethlehem nach Frankreich.

Jerusalem

Jerusalem, das mitten in den kargen judäischen Hügeln liegt, wurde auserwählt, das Bollwerk des Monotheismus zu sein. Es ist die Stadt, die der Hälfte der Menschheit heilig ist, weil sie die religiöse Hauptstadt von drei großen Glaubensbekenntnissen ist. Für die Juden ist sie das Symbol vergangenen Ruhmes und die Hoffnung ihrer Zukunft. Für die Moslems ist sie der Ort, von dem sie glauben, dass ihr Prophet Mohammed hier zum Himmel hinaufgeritten sei.

Und für die Christen bleibt sie die Stadt der Sendung Jesu, die ihn am Kreuz sterben und wieder auferstehen sah.

Jerusalem mit Blick auf den Felsendom

Jerusalem, auch Salem oder Haus des Friedens genannt, ist mit 4000 Jahren nachgewiesener Geschichte die Quelle der Religionen, eine Stätte des Terrors, des Krieges und des Blutvergießens. Obwohl sein Name Friede bedeutet, hat immer wieder im Lauf seiner langen Geschichte das Schwert eine wichtige Rolle gespielt.

Nazareth

Nazareth, eine alte Siedlung in Galiläa

Nazareth ist eine alte Siedlung in Galiläa. Die heutige Stadt liegt mit etwa 50.000 Einwohnern zwischen Hügeln eingebettet und ist eine der wichtigsten christlichen Ansiedlungen. Es ist der Ort, den Gott auserwählt hat und die Geburt seines Sohnes ankündete.

Hier wuchs Jesus auf. Hier verbrachte er seine Jugend. Die Marienquelle zu Nazareth ist eine authentische Stelle im Heiligen Land. Zweifellos kam Jesus mit seiner Mutter Maria hierher um Wasser zu schöpfen, so wie es heute noch die Frauen und Kinder in Nazareth machen.

Genezareth

Den Namen Genezareth trug ursprünglich nur ein Uferstreifen bei Magdala, dem Geburtsort der als Gefährtin Jesu bekannte Maria Magdalena. Erst später wurde der See danach benannt. Durchflossen wird der See vom Jordan, der im Westen von den Golanhöhen begrenzt etwa 200 Meter unter dem Meeresspiegel liegt.

Schafherden an den Seehügeln. Im Hintergrund die Golanhöhen

  Der See Genezareth ist als Stätte der Lehrtätigkeit Jesu für die Christenheit von unschätzbarer Bedeutung. Hier am See berief Jesus auch die ersten Jünger, die am See als Fischer ihren Unterhalt bestritten. Darunter Simon und Andreas, Jakobus, Johannes und Thomas. Am Westufer liegen die Städte Tiberius, zur Römerzeit Hauptstadt der Provinzen Galiläa und Kapernaum. Weitere Orte sind das erwähnte Magdala, Gadara, Bethseda und noch etliche Dörfer.

Berg der Seligkeiten

Der Berg der Seligkeiten am See Genezareth ist die Stätte, wo nach alter Überlieferung die unsterbliche Bergpredigt stattfand. Wo Jesus die Grundsätze für ein gesegnetes Leben festsetzte. „Selig sind die geistig Armen, denn ihrer ist das Himmelreich". Die heutige Kirche, die ein herrliches Panorama über den See bietet, wurde von den Franziskanern gebaut.

Jordan

Den wichtigsten Fluss Palästinas speisen vier Quellflüsse. Insgesamt ist der Jordan etwa 330 Kilometer lang. Seine Quellen entspringen dem westlichen Hang des Hermon-Gebirges. Er schlängelt sich in nordsüdlicher Richtung durch den Jordangraben, gegliedert in Hulatal, See Genezareth und unteres Jordantal, ehe er in das 390 Meter unter dem Meeresspiegel liegende Tote Meer mündet. Der Jordan ist in biblischer Überlieferung eine wichtige Landmarke. Den Israeliten markierte er die Grenze zum verheißenen Land Kanaan. Auf die besondere reinigende Kraft des Jordanwassers wird im Buch der Könige hingewiesen. Im Neuen Testament ist es Johannes der Täufer, der an diesem Fluss wirkte und auch Jesus taufte. Bei der Taufe soll der Jordan zu fließen aufgehört haben.

„Der Jordan war bereits zur Zeit Jesu eine bedeutende Landmarke"

Bis in die Gegenwart blieb der Jordan ein Fluss, dessen Wasser besondere Kraft zugesprochen wird. Viele gläubige Nahost-Touristen nehmen sich davon sogar etwas mit nach Hause. Leider scheint es den dort lebenden Völkern selbst keinen Segen zu bringen, die Wasserrechte sind in der Krisenregion Ursache ständiger Streitereien. Es wird daher auch gemunkelt, am Wasser des Jordan sei bereits das Tote Meer gestorben.
„Über den Jordan gehen" ist ein geflügeltes Wort für Sterben. Nach einer Sage wird beim Herannahen des Jüngsten Tags Jesus Christus drei Steine aus dem Jordan gegen die Antichristen schleudern.

Taufstelle am Jordan

Berg Tabor

Der Berg Tabor erhebt sich unmittelbar aus der Ebene zu einer Höhe von 500m. Er ist der malerischste Berg in Galiläa mit einer großartigen Aussicht über das weite fruchtbare Land. Auf seiner Gipfelfläche befinden sich noch viele Reste von alten Festungsanlagen und Klöstern. Auf ihren Ruinen wurde zum Gedenken an die Verklärung Christi eine schöne Kirche gebaut.

Im Hintergrund der Berg Tabor

Was Evangelisten erzählen

Die in der großen christlichen Kirche übliche Bibel enthält vier Versionen des Evangeliums, das von Matthäus, von Markus, Lukas und von Johannes. Sie beschreiben das Wirken Jesu von seiner Geburt bis zu seinem Tod in zusammenhängender Form. Der Begriff Evangelium kam allerdings erst im 2. Jahrhundert auf.

Den vier Evangelisten Matthäus, Markus, Lukas und Johannes wurden am Beginn ihrer Niederschriften entsprechenden Symbolen zugeordnet. Sinnbilder der vier Himmelswesen, die den Thron Gottes umstehen.

Der Löwe steht für Markus, der Stier für Lukas, der Engel für Matthäus, dessen Evangelien das umfangreiche Leben Jesu einleiten. Bei Johannes schließlich bildet ein weitgespannter Prolog den Anfang der Weihnachtsgeschichte, weshalb ihm als passendes Symbol der Adler zukommt.

Als Ältestes der Evangelien gilt das Markusevangelium, das in den Jahren um 70 in Rom entstanden sein soll. Etwa 10 Jahre später verfasste Matthäus seine Niederschrift in griechischer Sprache. Das Evangelium des Lukas gilt im Jahre 90 in Griechenland oder Kleinasien als aufgezeichnet und Johannes soll sein Evangelium etwa um 100 in Ephesus niedergeschrieben haben.

Matthäus

Mit dem Evangelium nach Matthäus eröffnet er als einer der vier Evangelisten das Neue Testament.

Seine Niederschrift ist vermutlich etwas jünger als das Markusevangelium, das als eine der Quellen gilt, aus denen Matthäus es der Überlieferung nach niederschrieb, ehe er nach Abschluss dieser Arbeit im Jahr 42 zur Mission ging. In seinem Evangelium gibt Matthäus als seinen Beruf den des Zöllners an (Matthäus 9,9). Kennzeichnend für das Evangelium nach Matthäus ist die breite Darstellung der Reden Jesu, von denen die Bergpredigt - wenigstens dem Titel nach - die bekannteste ist. Seine Symbolfigur ist der Engel.

Matthäus folgend ist Jesus der ersehnte Messias Israels. Dessen Herkunft - aus dem Hause Davids und hinauf bis Abraham - dokumentiert er sorgfältig gleich am Beginn seiner Schriften.

Markus

Markus, einer der Evangelisten, dem das Markus-Evangelium zugeschrieben wird und als das älteste der vier kanonischen Evangelien
gilt.
Geboren wurde er in Jerusalem, wo seine Mutter ein Haus besaß.
Er schrieb, nach altkirchlicher Überlieferung, in Rom nach Vorträ-
gen des Petrus sein Markusevangelium. Weil sein Evangelium mit
Johannes dem Täufer, dem Prediger in der Wüste, beginnt, wurde
der Löwe als „König der Wüste" sein Symboltier.

Lukas

Auch Lukas bezeichnet man als einen der vier Evangelisten. Der
vom Heidentum zum Christentum bekehrte Arzt stammte aus An-
tiochia in Syrien und wurde im Jahre 50 zum Mitarbeiter und Rei-
segefährten Paulus. Er gilt als Verfasser des Lukas- Evangeliums und
der Apostelgeschichte. Sein Symboltier ist der Stier.

Johannes

Eine Sonderstellung innerhalb der vier Evangelisten nimmt die Auf-
zeichnung des Johannes ein, das im Gegensatz zu den drei anderen, übersichtlich zusammengestellten Evangelien, von mehreren
Festreisen Jesu nach Jerusalem ganz am Anfang berichtet, während die Anderen Drei erst am Ende in ihren Niederschriften davon schildern. Als Entstehungszeit dieses vierten Evangeliums gilt
das Ende des 1.Jahrhunderts. Als Symboltier wurde Johannes der
Adler zugeschrieben.

Die Weihnachtsgeschichte aus der Sicht der Bibel

Die Verkündigung an die Maria

Lukas 1, 35 - 38

Gott sandte den Erzengel Gabriel nach Nazareth zu einer Jungfrau, die Maria hieß. Sie stammte aus dem Hause Davids und war mit dem Zimmermann Joseph (Josef) verlobt. Der Engel kam zu ihr und sprach: Gegrüßt seist du. Maria erschrak. Der Engel aber sprach: Fürchte dich nicht Maria; du hast bei Gott Gnade gefunden und wirst einen Sohn empfangen, dem sollst du den Namen Jesus geben. Da sprach Maria: „Sieh, ich bin die Magd des Herrn; mir geschehe nach deinem Worte!" Und der Engel schied von ihr.

Maria ging übers Gebirge zu Elisabeth

Lukas 1, 39 - 80

Als der Engel Gabriel von Maria geschieden war, eilte sie über das Gebirge zur Base Elisabeth. Diese rief mit lauter Stimme: Du bist gebenedeit unter den Weibern und gebenedeit ist die Frucht deine Leibes. Wie habe ich das hohe Glück verdient, dass die Mutter meines Herrn zu mir kommt? Selig bist du Maria, die daran geglaubt hat, dass die Verheißung des Herrn sich erfüllen werde.

Eilten über das Gebirge zur Base Elisabeth ...

Als der Sohn Gottes geboren wurde
Lukas 2, 1 - 7

Geburt Christi

In jenen Tagen geschah es, dass vom Kaiser Augustus ein Befehl ausging, dass der gesamte Erdkreis aufgezeichnet werde. Alle gingen hin, sich eintragen zu lassen, jeder in seine Vaterstadt. Auch Josef zog von Galiläa, aus der Stadt Nazareth hinauf in die Stadt Davids, die Bethlehem heißt, weil er aus dem Hause Davids war, um sich eintragen zu lassen zusammen mit Maria seiner Verlobten, die gesegneten Leibes war.

Während sie dort waren, geschah es, dass sich die Tage erfüllten, da sie gebären sollte und sie gebar ihren erstgeborenen Sohn, hüllte ihn in Windeln und legte ihn in eine Krippe, weil kein Platz war in der Herberge.

Verkündigung an die Hirten

Lukas 2, 8 - 14

In der selben Gegend waren Hirten auf dem Felde und hielten Nachtwache bei ihrer Herde. Da trat ein Engel des Herrn zu ihnen und es umstrahlte sie die Herrlichkeit des Herrn und sie fürchteten sich sehr. Der Engel aber sprach zu ihnen: „Fürchtet euch nicht, denn seht, ich verkünde euch eine große Freude, die dem ganzen Volk zuteil werden soll." Euch wurde heute in der Stadt Davids der Heiland geboren. Dies soll euch zum Zeichen sein: „Ihr werdet ein Kindlein finden, in Windeln gewickelt und in einer Krippe liegend." Und auf einmal erschien mit dem Engel eine große Schar des himmlischen Heeres, alle Engel priesen Gott mit den Worten: „Ehre sei Gott in der Höhe und Friede auf Erden den Menschen, die guten Willens sind!"

Der Engel des Herrn erschien den Hirten auf dem Felde

Die Hirten eilen zur Krippe

Lukas 2, 15 - 18

Als die Engel von ihnen weg zum Himmel entschwanden, sagten die Hirten zueinander: „Lasst uns hinübergehen nach Bethlehem und schauen, was geschehen ist, von dem der Herr uns Kunde gab!" Und sie gingen eilends und fanden Maria und Joseph und das Kind, das in der Krippe lag. Als sie es sahen, berichteten sie von dem Wort, das ihnen über dieses Kind gesagt worden war. Und alle, die es hörten, wunderten sich über das, was ihnen von den Hirten erzählt wurde.

Die Hirten breiten die Weihnachtsbotschaft aus

Lukas 2, 19 - 20

Maria behielt alle diese Worte und erwog sie in ihrem Herzen. Die Hirten aber kehrten zurück und priesen und lobten Gott für all das, was sie gehört und gesehen hatten, so wie es ihnen gesagt worden war.

Die Weisen aus dem Morgenland

Matthäus 2, 1 - 8

Jesus als guter Hirte

Als Jesus geboren war in Bethlehem zur Zeit des Königs Herodes, da kamen Weise aus dem Morgenland nach Jerusalem und sprachen: „Wo ist der neugeborene König der Juden? Wir haben seinen Stern gesehen und sind gekommen ihm zu huldigen."
Als König Herodes dies hörte, erschrak er. Von den Hohepriestern und Schriftgelehrten erfuhr er, dass der Messias in der Stadt Bethlehem geboren werde, wie der Prophet Micha es gesagt hatte. Da sandte

Herodes die Weisen nach Bethlehm und sprach: „Wenn ihr das Kind gefunden habt, so kommt und sagt es mir, damit auch ich komme und ihm huldige." Zuvor hatte Herodes die Weisen heimlich zu sich rufen lassen und hatte von ihnen genau die Zeit der Erscheinung des Sterns erforscht.

Die Anbetung der Weisen
Matthäus 2, 9 - 12

Wo ist der neugeborene König der Juden ?

Die Weisen hörten den König Herodes an, zogen fort und siehe, der Stern, den sie zuvor gesehen hatten, ging vor ihnen her, bis er ankam und stehen blieb über dem Ort, wo das Kind war. Da sie den Stern sahen, hatten sie eine große Freude. Sie gingen in das Haus, sahen das Kind mit Maria, seiner Mutter, knieten nieder und brachten ihm ihre Geschenke dar: Gold, Weihrauch und Myrrhe. Und als sie in der Nacht im Traume die Weisung erhielten, nicht zu Herodes zurückzukehren, zogen sie auf einem anderen Weg heim in ihr Land. Die Heiligen drei Könige, wie die Weisen oder Magier ebenfalls genannt werden, hießen nach der Legende Kaspar, Melchior und Balthasar. In ihnen huldigte erstmals die Heidenwelt dem neugeborenen Sohn Gottes.

„Gegrüßt seist du Maria"
sprach der Engel und Maria erschrak.

Als der Erzengel Gabriel Maria die Botschaft brachte
eilte sie über das Gebirge zur Base Elisabeth um die
Nachricht zu überbringen

Höre auf die Nachricht die aus der Krippe kommt

Der Mensch braucht zum Leben mehr als Termin-
kalender, Kühlschränke und Computer. Es kann
auch theologische Polarlandschaften geben, in
denen das Herz friert, sagte uns Univ. Prof. Dr.
Alfred Läpple beim X. Weltkrippenkongress.

Weihnachten ist die große alljährliche Ermutigung, den Herrn deinen Gott zu lieben, mit deinem ganzen Herzen, mit deinem ganzen Gemüte und mit all deinen Kräften - mit dem Herzen zu glauben und die dankbare Freude des Herzens über die gnadenhafte Erlösung: Christus der Retter ist da ! Ebenso im Lied wie im Glanz der Weihnachtskrippe aufscheinen zu lassen.

... denn irgendwann hat's bei jedem Krippeler angefangen mit der Zuneigung zur Krippe, aus der dann Liebe und vielleicht sogar Leidenschaft wurde, und oft erkennen wir spät, dass nicht wir zur Krippe gegriffen haben, sondern das Krippengeschehen uns ergriffen hat.

Krippenschauen, sich freuen, sich erfreuen lassen, nachdenken und den Sinn erkennen, den die Krippe vermitteln will. Man schaut durch die Krippe in die Vergangenheit ins Paradies, in dem wir alle vorkommen. Unsere Augen wandern über Zäune und Hügel, über Hirten und Schafe zum rätselhaften heiligen Stall, der unsere Gedanken und Überlegungen weit mehr beansprucht als man sich eingestehen möchte. Ein Nachdenken nach dem Sinn des eigenen Daseins, Gedanken zur geschichtlichen Wahrheit des Ursprungs.

„Krippendarstellung ist wie eine Momentaufnahme"

Ein Augenblick ist herausgegriffen und diese kleine Welt ist gleichsam mitten in ihrer Tätigkeit überrascht worden. Die Wasserträgerin tut keinen Schritt mehr, der anbetende Hirte bleibt bewegungslos in der selben Haltung. So breitet sich der eine Augenblick geruhsam und selig über die Krippe aus. Der unruhige Mensch von heute wird stiller dabei, ruhiger und beschaulicher. Gerade die einfältige Art der Krippen mit ein paar dürftigen Figuren, versetzt uns oft in eine guttuende Stimmung beim „Krippenschauen". Die Volkskunst schuf ihre Werke im Stillen und kümmerte sich nicht um historische Treue. Mit viel Liebe, Gefühl und teils kindlich, einfältiger Weise bringen Krippeler gerade die eigene Vorstellung des Weihnachtswunders so zum Ausdruck. Manchmal legt einer auf die Landschaft seines Heimatortes mehr Wert als auf die geschichtliche Wahrheit. Er wählt bewusst Land und Leute seiner Umgebung und verlegt das Krippengeschehen in seinen Lebensraum.

Von einfachen Männern aus dem Volke wurden die meisten Krippen gebaut. Unsere Volkskünstler, Maler, Schnitzer und Bergbauern, verfeinerten in vielen Generationen Stil und Technik, gaben Erfahrungen an Schulen und Kursen bereitwillig weiter, sodass man heute in unserem Land stolz sein darf auf so viele wunderschöne Krippenkunstwerke.

Im Krippenbau atmet der lebendige Glaube des Krippenfreundes. Eine echte Tiroler Krippe ist ein Denkmal des alten Glaubens Tirols. Die Krippenbewegung ist seit der Krippenfeier des Hl. Franz von Assisi in der Felsenhöhle von Greccio längst eine Volksbewegung geworden. Seit dem Jahre 1223 hat sich die Krippenbewegung ausgebreitet und lässt sich heute aus unserem Volk nicht mehr wegdenken.
Wir werden alle wie Kinder, wenn wir am Beginn der Adventzeit die Weihnachtskrippe aufstellen. Die Schachtel mit den „Krippenmandeln" steht in der Stube, der „Hirschhoader", das Moos und die Bäumchen sind schon hergerichtet, und mit Sorgfalt und viel Liebe werden die Figuren vorsichtig aufgestellt. Die Krippe beginnt zu leben...

Hoffen wir, dass der Brauch weiter um sich greife und durch seine einfachen Mitteln den tiefen Sinn des Weihnachtsgeschehen verstehen lässt und auch die kälteren Herzen erfasst und erwärmt! Mögen jedenfalls alle Freunde der Krippe beim Krippeleschauen Freude finden, wenn sie in den vielen Rätseln der Weihnacht auf Wahrheit stoßen.

Weihnachtsgeschichten

Sitten und Gebräuche am Heiligen Abend
Eine Erzählung von Krippenvater Seisl

Wenn man so von Großvaterszeiten, von alten Sitten und Gebräuchen erzählen hört, dann mutet es einem fast an, als wenn man liebliche Orgeltöne in unsere Zeit herein singen hörte, wo die Menschheit nur pustend und hastend durch die Welt stürmt. Dass diese Sitten und Gebräuche nicht ganz in Vergessenheit geraten, möchte ich ein Scherflein beitragen und meinen lieben Krippenfreunden in Form eines Plausches erzählen, wo vor zirka 70 Jahren in meinem Vaterhause der Hl. Abend gehalten wurde. Zur besseren Orientierung der Leser sei mitgeteilt, dass unser Anwesen nicht

*Johann Seisl
(1861 - 1933)*

zu den Größten, aber auch nicht zu den Kleinsten gehörte. Unsere Familie bestand aus den Eltern und 13 Kindern und besaß einen Viehbestand von 25 Rindern, etwa 30 Ziegen und 20 Schafen, 2 Pferde, Schweine und dergleichen.
Zur Bearbeitung dieses Hofes waren zirka 5 - 6 Dienstboten not-

wendig. Wurden schon die gewöhnlichen Feierabende und Sams-
tage in entsprechender Weise gefeiert, so galt das besonders für
das Fest von Weihnachten. Schon der 23. Dez., der sogenannte
Bacheletag oder Bachelevorabend, ließ auf manches kommende
Ereignis schließen. So wurde z.B. im Pinzgau (bei uns kommt das
zwar nicht vor) das sogenannte Bachelemus mit Honig bestrichen
aufgetragen.

„Die gesamte Frühmilch vom Heiligen Abend wurde an die Armen verteilt"

Bei uns merkte man an dem allgemeinen Reinemachen den bevorstehenden Festtag. Nur wurde von Seite der Eltern dem Fütterer
der strenge Auftrag zuteil, am Hl. Abend in der Früh sämtliche
Milch, die gemolken wird, nicht in den Keller zu tragen, sondern
in der Küche vorläufig aufzubewahren, damit dieselbe den Armen
verabreicht werden konnte, denn von jeher war der Brauch, die
gesamte Frühmilch des Hl. Abends mit entsprechendem Laibchen
Brot zu verabreichen.

24. Heiliger Abend. War es schon eine Selbstverständlichkeit, dass
das gesamt Personal im Advent zu den Rorateämtern ging, so ins-
besondere am Hl. Abend, wo man auch zu den Hl. Sakramenten
ging. Das darauf folgende Frühstück, welches in einer Wasser oder
Milchsuppe bestand, ließ uns den Fasttag so ziemlich deutlich merken, auch zur Jause um 9 Uhr wurde nichts verabreicht, während-
dem das Mittagsmahl zwar reichlich, aber nur mit Fastenspeisen
verabreicht wurde. Und jetzt, nachdem alles von Mittag geordnet
war, ging es an die Hl. Abendarbeit. Die Knechte und Mägde reini-
gten im Haus und um das Haus, überall, wo ihnen etwas anstößig
erschien. Mir als Ältestem wurde am Vormittag die Aufgabe zuteil,
vom Unterdach den sogenannten Weihbuschen herunter zu holen
und in einer Schüssel auf den Ofen zu stellen. (Weihbuschen, das
sind jene Kräuter, die durch die Hausdirne am 8. September in die
Kirche zur Weihe getragen wurden.) Die Mutter nahm vom Ofen-
brett den großen Nudelteig und richtete ihn zurecht.
Hernach nahm sie den Weihbuschen mit der Schüssel, stellte
ihn auf den Tisch und riebelte ihn vollständig ab. Das Grobe, die
Reisige usw., die sich im Buschen befanden, legte sie separat, die
Samen in das Feuer zum Verbrennen. Das Halbgrobe, die Blätter
usw. kamen in einen Papiersack, wurden mit Weihrauch vermischt
und hernach zum Räuchern benützt. Das ganz Feine bekam der

179

Fütterer, der musste es unter den Leck geben und am Hl. Tag dann dem gesamten Viehbestand austeilen.

Mittlerweile waren die Knechte mit ihrer Aufräumarbeit fertig, jetzt kam die Hausdirne mit einem Schaff warmes Wassers, stellte es mitten in die Stube auf einen Stuhl und jetzt wurde mit dem großen Reinemachen respektive „Kopfwaschen" begonnen. Die Hausdirne musste nämlich dem gesamten Personal den Kopf waschen und zwar vom Hausknecht abwärts. Ab und zu kam es dann schon vor, dass sie das Wasser wechselte, zwar nicht allzu oft, aber wenn es halt die unbedingte Notwendigkeit erforderte. Jetzt kam der Vater und richtete in der Stubenecke die Weihnachtskrippe auf. Das waren die alten bekannten Figürchen, die uns Jungens besonders erfreuten, und ich weiß noch genau, dass so ein altes Berchtesgadener Männlein mein besonderes Interesse erweckte, mit einem Hut, Hirtentasche an der Seite und einem mordsgroßen Gockel unter dem Arm hatte mir`s angetan. Ich konnte ihn halt gar nicht loslassen und stocherte mit den Fingern so herum und au weh, endlich brach der Arm und der Gockel fiel zu Boden, der Vater hat mir mit flacher Hand einen anständigen Deuter auf die Hinterseite versetzt, und ich meine fast, dass dieser Deuter für mein ganzes Leben ausschlaggebend war, indem er mir auf diese Weise die Krippenfreude durch eine solche Injektion beibrachte. Abends beim Hausrosenkranz wurden die Kerzen angezündet, und groß und klein kniete vor Freude vor der Krippe. Uns Buben hat besonders etwas interessiert. Im Hause befand sich eine alte Jerichorose, den Ursprung derselben weiß niemand, jedoch hat man gesagt, dass ein alter Pilgrim auf seiner Wanderschaft von Jerusalem einem unserer Vorfahren diese Rose geschenkt hat. Wir stellten sie um 12 Uhr Mittags in ein Glas Wasser und siehe da, nach einigen Stunden hat sich die Rose vollständig entfaltet zu unserer größten Freude, merkwürdig, diese Rose befindet sich heute noch in meinem Besitz, und merkwürdig, heute noch nach mehr als 70 Jahren entwickelt sich dieselbe genau sowie zu jener Zeit.

Die Mägde und Fütterer waren mit ihren Arbeiten fertig und nun bemächtigte sich der Männerwelt ein großes Interesse für das Schießwesen, indem sie mit Büchsen, Flinten und auch Mörsern die bekannten Salutschüsse abgaben. Diese kriegerische Handlung setzte schon mittags, nach den 12-Uhr-Läuten ein und dauerte bis zum Schluss der Mitternachtsmette und hatte zur Folge, dass wohl mancher Nachbarbursche auch zum Gewehr griff, um dadurch die Feststimmung zu erhöhen.

Wenn man nun um diese Zeit durch den Hausflur oder um das Haus ging, roch man schon aus Fenster und Türen das prächtig duftende Backschmalz, denn die Mutter war beschäftigt, Nudln oder Krapfen für den Abendtisch zu backen. Wenn sie es besonders fein machen wollte, überraschte sie uns mit den sogenannten Knieküchchen, das war bei uns Kindern ein Hallo, hatten sie doch eine ungewöhnliche Größe, denn manche waren 3o cm im Durchmesser, sodass nur ein Küchl im Schmalzkessel Platzt hatte.

Nun nahm der Vater eine Pfanne Glut aus dem Herd und begann die Räucherung. Ich durfte mitgehen und den Weihrauch tragen, die Hausdirn musste mitgehen und das Weihwasser sprengen und nachbeten, während der Vater den Rosenkranz vorbetete. Dann wurde in aller Gemütsruhe das Abendessen eingenommen. Hernach wurden noch die notwendigen Arbeiten in der Küche und Stall verrichtet, worauf dann der Hausrosenkranz gebetet wurde. Das gesamte Gesinde versammelte sich vor der Krippe, die Kerzen wurden angezündet und betete den Psalter. Wir Jungens gingen ins Bett zur Nachtruhe, während die Erwachsenen um den runden Tisch herum saßen und in geistigen Büchern lasen. Um 11 Uhr setzte Glockengeläute ein und lud uns alle zur Hl. Messe. Gegen ½ 12 Uhr verließ das ganze Hausgesinde samt Kindern unter Fackelschein das Haus, um in die Kirche zu gehen, nur der Vater blieb als Haushüter zurück. Nach dem Festgottesdienst kehrten wir alle wohlgemut in unser Heim zurück und nahmen unser bescheidenes Frühstück, bestehend aus Milchsuppe und Krapfen ein.

Das sind in kurzen Worten die Sitten und Gebräuche, wie sie am Hl. Abend in meinem Vaterhause vor zirka 70 Jahren (um 1870) gebräuchig waren.

„Heute kommen die Hirten"

Der Krumerbauer hatte einmal einer Wanderversammlung des Krippenvereines beigewohnt und wurde ganz Feuer und Flamme für die Krippe. „Eine Krippe muss mir ins Haus," erklärte er auf dem Heimweg „schon wegen der Kinder." An Kindern hatte der Krumerbauer keine Not. Zwölf an der Zahl, wie die Orgelpfeifen standen sie um den Familientisch.

Freilich, das Einkommen war nicht groß und um sich eine Krippe leisten zu können, musste er sparen, aber nicht am Familientisch oder an der Kleidung, sondern bei sich selbst. Das Rauchen hat er sich fast ganz abgewöhnt, höchstens einmal im Monat gönnte er sich ein Glas Bier oder Wein, während er früher regelmäßig je-

*Eine Krippe muss
ins Haus, erklärte
der Krumerbauer
auf dem Heimweg*

den Sonntag mit seinen Freunden ein „Karterle" machte und dabei
auch nicht trocken sitzen blieb. Was er sich ersparte, sollte für die
Krippe sein. Den Krippenberg hatte er sich selbst zusammenge-
bastelt, aber die Figuren kosten viel Geld, wenn etwas Schönes
werden soll. Aber das ging nicht auf einmal. Jedes Jahr sollte etwas
dazukommen. Die Figuren für die Geburt Christi waren schon da
und fürs nächste Weihnachten sollten die Hirten für die Verkündigung kommen. Damit er aber die Hirten bekomme, hat er sie
schon bald nach Neujahr bestellt und sobald sie fertig sind, soll
ihn der Krippenschnitzer telephonisch verständigen und sie ihm
als Sperrgut senden. Es sollte sie niemand vor Weihnachten zu Gesicht bekommen.

Es war nun gerade anfangs September. Der Krumerbauer hatte weit
außerhalb des Dorfes eine große Wiese und fuhr mit dem Wagen,
auf dem sich seine Kinder befanden, hinaus, um das Grummet zu
holen. Wie er nun mit seinem Fuhrwerk am Postamt vorbeifuhr,
rief ihm der Postmeister durchs Fenster hinaus: „Krumerbauer, so-
eben ist das Telephon gekommen: Heut abends kommen die Hirten." „So, ist recht, dank schön für die Botschaft, abends hole ich
sie selbst ab", entgegnete der Bauer und fuhr weiter.

Dies Gespräch hatte auch die Bracherbäuerin gehört, die am
Dorfbrunnen gerade wusch. Also gleich ließ sie alles liegen und
stehen, lief ins Haus hinein und rief ihrem Mann, der in der Tenne
gerade am Heuwagen eine Reparatur vornahm.

„Gleich nach Neujahr hat er sich Hirten beim Krippenschnitzer bestellt"

„Weißt das Neueste?" rief sie ihrem Manne in die Tenne hinein.
„Was soll ich wissen, was hast denn wieder Neues gehört am Brunnen?" fragte der Bracherbauer.
„Denk dir nur", erklärte sie mit wichtiger Miene „der Postmeister hat grad vorhin dem Krumerbauern gesagt, es sei telephoniert worden, heute kämen die Hirten".
„Wie? Was"? rief vor Aufregung der Bauer und ließ vor Aufregung Hammer und Zange fallen, „das ist doch nicht möglich."
Bäuerin: „Ja, wenn ich`s selbst gehört habe."
Bauer: „Es sind ja noch 14 Tage bis Mathuistag und früher ist ausgemacht worden, an dem Tag wird von der Alpe abgefahren. Das muss ich als Alpmeister doch am besten wissen."
Bäuerin: „Ja, vielleicht ist ein Unglück passiert oder sie haben keine Weide mehr. Was kannst wissen."

Bauer: „ Warum aber sagt der Postmeister das dem Krumerbauern. Er hat nur eine Kuh auf der Alpe und ich hab ein halbes Dutzend droben und bin Alpmeister. Das wird mir schon zu dumm, überall hat der Krumerbauer sei Nase drinnen."

Bäuerin: „Was hilft das Räsonieren. Da bleibt nichts anderes übrig, als dass ich zu Hause bleib, statt aufs Feld zu gehen. Ich muss doch die Krapfen backen für die Hirten, wenn sie schon heute kommen."
Bauer: „Und ich muss aufs Feld, ich kann doch´s Heu nicht liegen lassen, wegen dieser dummen Hirten. Die lass´ mir nur heute kommen, die bekommen heut statt eines Schnapses aus der Flasche schon einen trockenen Schnaps, dass ihnen die Krapfen in der Gurgel stecken bleiben. Schau dir um ein paar Weiberleut um, die dir aushelfen in der Kuchl. Ich muss gehen. Die Kinder schick´ ins Dorf zum Ansagen, dass man die Glocken und die Kränze herrichtet."

In hellem Zorne rannte der Alpmeister ins Haus und Tenne, in Scheune und Stall herum. Heute war es nicht gut, in seiner Nähe zu sein, so fuchtig und grantig war er. Der alte treue Fuchs konnte in seinem Rossgedächtnis sich nicht erinnern, dass der Bauer jemals so grob mit ihm gewesen und dass er so viele Peitschenhiebe bekommen habe, wie an diesem Nachmittag.

Auf dem Felde ging's dem Bracherbauer viel zu langsam, er schimpfte und räsonierte mit Knecht und Magd und Kindern. Um 3 Uhr fuhr er schon mit zwei Fuder Grummet in die Tenne. „Abgeladen wird morgen" lautete das Kommando. Jetzt wurden gleich die Glocken, Kränze und Bänder auf den kleinen Wagen aufgeladen und man fuhr bis zum sogenannten Wegkreuz, wo der Almweg in die Dorfstraße einmündet. Dort wartete der Alpmeister mit seinen Leuten. Es wird 4 Uhr, 5 Uhr, kein Klang einer Kuhschelle, kein Jodler der Hirten wird gehört.

Langsam und ahnungslos kommt mit seinem Heufuder der Krumerbauer dahergefahren und es wundert ihn, dass heute so viele Leute beim Wegkreuz stehen. Wie er näher kommt, sieht er auch den Alpenschmuck und hält an. „Was gibt's denn heut?" fragte er einen Knecht. „Ja, was es heute gibt, brauchst du wohl nicht zu fragen „knurrte ihn der Alpmeister an. „Du bist der erste gewesen, der es erfragt hat und warum grad du? Bist du Alpmeister, du - du dreckiger Kleinhäusler und Gerngroß." „Was soll ich heute erfragt haben?" forschte der Krumerbauer. Der Alpmeister trat ganz nahe heran, durchbohrte ihn fast mit zornfunkelnden Augen und brüllte wie ein Stier: „Hat nicht der Postmeister heute Vormittag dir gesagt, es sei telephoniert worden, heute kommen die Hirten? Warum sagst du mir nichts, warum hast du gesagt: du werdest sie abholen. Geht´s dich was an?" und er wollte schon die Faust erheben zum Schlage.

Da ging dem Krumerbauern erst ein Licht auf und fing hellauf zu lachen an und erklärte dem Alpmeister:

„Mein lieber Bracherbauer, das ist schon richtig, was der Postmeister gesagt hat. Aber mit den Hirten, die ich abhole, kannst du nichts anfangen und die gehen dich nichts an." „Warum nicht?" brauste der Alpmeister auf. „Weil das Hirten von Holz sind, geschnitzte Hirten für meine Krippen."

Aber nun ging ein Gelächter durch die Reihen der Anwesenden. Der Alpmeister wusste nicht, sollte er sich zu Tode ärgern oder mitlachen über dieses Missverständnis. Schließlich erklärte er: „Natürlich sind da wieder die Weiber die Schuld, die alles hören und nichts verstehen. Lassens wir zwei gut sein."

Als nun der Alpmeister wieder nach Hause kam, tief beschämt und verärgert, sah er in der Stube schon den Tisch gedeckt, ganze Berge von Krapfen standen auf dem Tisch, da packte ihn die Wut aufs neue und seine Frau bekam diesen Abend eine gepfefferte Predigt, wobei die Namen jener Tiere, die in der Krippe waren und auf denen die Hl. Dreikönige daher kamen, eine große Rolle spielten.

Ein Krippenbesuch

Es war im Kriegsjahr 1940. So manche Krippe war nicht aufgestellt, da der Krippenvater eingerückt war oder man es nicht wagte, der lieben Krippe in der warmen Stube wie sonst den Ehrenplatz einzuräumen. Traurig und leer sahen solche Stuben in diesen Kriegsweihnachten aus. Aber der Erlerschuster in Steinach war ein wackerer Tiroler, der nicht einen Zoll breit vom Tiroler Brauch abwich und seiner Weihnachtskrippe die Treue auch in stürmischen Zeiten hielt. In einem stillen Winkel eines schmalen Seitengässchen der großen Heerstraße, die südwärts über den Brenner führt, stand damals noch, angeschmiegt an größere Nachbarhäuser, sein kleines Häuschen. Heute steht es nicht mehr. Es fiel Fliegerbomben zum Opfer. Auch das traute Stübchen war nur klein, aber groß die Krippe und noch größer die Krippenliebe des so kunstverständigen Meisters Erler. Beim Bau des großen Krippenberges, dessen Vorbild er seiner Bergheimat entlehnte, ging er ganz neue Wege. In die hochalpine Region verlegte er das hochheilige Geschehen. Öde verlassene Kare zogen zu Tal, krumme Legföhren wanden sich um die im Abendrot verglühenden Felsen. Darunter auf grünen Matten stand die Almhütte mit dem heiligen Paare. Mehrere Meter lang und tief war dieser alpine Krippenberg und die nach Bachlechner geschnitzten Hirten und Älpler passten wunderbar in diese hei-matliche Bergwelt. Nachdem wir lange schweigend vor dieser Wunderwelt gestanden waren, erschien Meister Erler in seiner blauen Arbeitsschürze, in der Hand eine Geige und gefolgt von seinen zwei kleinen goldlockigen Töchterchen. Er zündete mit seinen schwieligen, von Schusterpech glänzenden Händen vier Kerzen an. Das elektrische Licht erlosch und nur die Kerzen verbreiteten ihr traumseliges Geflacker.

Da klemmte der Meister die Geige unter das Kinn, das ältere Töchterle setzte seine Flöte an die Lippe und das kleinere, mit dem goldigen Lockengeflimmer um das Engelgesichtchen, hielt seinem älteren Schwesterchen die Noten. Da erklang nun das „Stille Nacht, heilige Nacht" so süß und leise durch das enge Stübchen, dass uns ob soviel Schönheit, Innigkeit und herrlicher Krippenliebe die Augen nass wurden.. Rührend war der Meister, rührend die lieben zarten Kinder und wunderschön dies Bild echter heimatlicher Weihnacht.

Lange nachdem die letzten Töne verklungen waren und das grelle elektrische Licht uns wieder umflutete, fanden wir aus diesem seligen Traumland wieder in die Wirklichkeit zurück.

Der verlorene Mohrenkönig

An einem Adventsonntag saßen in der Abendstunde beim „Bärenwirt" in Heidenheim (so wollen wir den Ort nennen, obwohl er in Wirklichkeit anders geheißen) mehrere Krippenfreunde beisammen. Das Gespräch ging natürlich um die Krippen und einer warf die Frage auf, wer wohl die schönste und wertvollste Krippe im Dorfe hätte.

Der Kaldererbauer behauptete, er habe sicher die schönsten Figuren, besonders die Hl. Dreikönige, die er neu habe fassen lassen, seien entschieden die schönsten. Dem widersprach der Gschlößler und erklärte, seine Figuren seien entschieden die wertvollsten, er hätte längst schon für manche 50 bis 100 S bekommen von einem Altertumshändler, aber er wolle kein Judas sein und um Geld diese Figuren verkaufen, die von seinem Urgroßvater herstammten.

So ging der Disput hin und her und keiner wollte nachgeben. Nun trat der Lehrer ins Mittel und sagte: „Der Streit ist am besten zu schlichten, wenn ihr beide eure schönsten Figuren bringt, dann wird sich zeigen, wer die schönsten und wertvollsten hat." Der Vorschlag wurde von der ganzen Tischrunde angenommen. Der Gschlößler und der Kalderer eilten heim um die Figuren zu holen. Es dauerte ziemlich lange, der erstere musste unter Dach die Figuren suchen bei dunkler Nacht, der andere war ein Stück außerhalb des Dorfes.

Wo ist der Mohrenkönig?

Endlich waren sie da und stellten ihre Figuren auf dem Tische auf. Lange Zeit herrschte Schweigen. Jede Figur ging von Hand zu Hand.

Endlich brach einer das Stillschweigen und erklärte, die Könige des Kalderer haben freilich eine schöne Fassung, das lässt sich nicht leugnen, aber künstlerischer seien die des Gschlößlers entschieden besser. Auch der Lehrer schloss sich diesem Urteil an und die anderen bis auf den Kalderer und den Raßler stimmten ihm bei.

Der Raßler verstand freilich von der Kunst so wenig wie eine Kuh vom Aschermittwoch, ihm war es nur darum zu tun, den Gschlößler und Kalderer gegeneinander aufzubringen, damit es eine „Hetz" abgibt, und das gelang. Der Kalderer redete sich in eine Wut hinein, trank ein Glas Wein ums andere über den Kopf, so dass er in kurzer Zeit einen Kanonenrausch hatte. Obschon er kaum mehr recht reden konnte, schlug er auf den Tisch, dass die Gläser aufsprangen und manche Figur mit Wein benetzt wurde:
„ Und mei - meine Ki - Ki - Kinige sein decht - die - die schiensten. Oes - ös seids alle, alle E - e - sel und verstehts von der Ku - Ku - Kunst soviel wie der Ochs von der Krippe."

Schließlich mussten ihn zwei heimliefern, aber immer schrie er durch die Nacht, seine Könige seien die schönsten. Nach vielem Hin- und Herschwanken im tiefen Schnee brachten ihn die Kollegen nach Hause und legten ihn auf die Ofenbank und verzogen sich, ehe des Kalderers bessere Hälfte erschien.

„Es waren nur mehr zwei Könige in der Rocktasche, einer fehlte"

Als der Kalderer seinen Rausch ausgeschlafen, suchte er aus den Rocktaschen seine Könige heraus, aber nur zwei fanden sich vor. Der Mohrenkönig, auf den er besonders stolz war, fehlte. Den ganzen Tag suchte er vor dem Hause herum, ging den Weg zurück bis zum Wirtshaus und dort hätte es bald noch eine Schlägerei abgesetzt, da der Kalderer den Wirt des Diebstahls beschuldigte. Überall fragte er herum nach seinem Mohrenkönig, die Schulkinder wurden darum gefragt, aber niemand hatte die Figur gesehen. So musste er nun auf Dreikönig entweder nur zwei Könige aufstellen oder einen Ersatz suchen. Das letztere ging am leichtesten. Er nahm von seinen Töchterlein die kleine Puppe, strich ihr das Gesicht schwarz an und klebte ein paar Goldstreifen aufs Puppenkleid. Freilich hat er ihn ganz zu hinterst in die Krippenhöhle gestellt, damit er nicht auffalle. Aber wo war der Mohrenkönig? Der Kalderer versprach Kerzen dem Hl. Antonius, dass er ihm den König finden lasse.

Die Frau meinte allerdings, ob der Hl. Antonius sich herbeilasse etwas zu suchen, was man im Rausche verloren, das bezweifle sie stark.

Es ging schon gegen den Frühling und der Mohrenkönig war noch nicht gefunden, bis eines Abends der Hansl von der Schule heimkehrend dem Vater erklärte, da drunten in der Wiese liege etwas Schwarzes, er wisse nicht, sei es eine verreckte junge Katze oder ein junger Rabe, er habe sich nicht getraut näher hinzugehen. Der Kalderer ging hinab mit dem Buben und was fand er? Aus einer Mulde schaute der Mohrenkönig heraus. Wohl hatte er viel von der Farbe und Schönheit verloren, aber zu seiner Freude gab er ihm doch einen Kuss und trug ihn ehrfürchtig nach Hause. Das ist die Geschichte vom verlorenen Mohrenkönig.

Das Christkind im Tannhof

Der Tannhof liegt als Einzelhaus oben am Berg nahe der Baumgrenze. Ein Steig führt über den Pass. Für die Menschen, die hier wohnen, ist der Winter lang, die Lawinen donnern zum Tal und Stürme orgeln um den Hof oder es herrscht tiefe Ruhe, wenn Schneeflocken vom Himmel fallen.

Der alte Natz dient schon viele Jahre als Knecht am Tannhof. Heute hat er seine Arbeiten flink verrichtet, es wird der Heilige Abend gefeiert. Gerade stellt er in der Stube die Krippe auf. Die vier Kinder seines Dienstgebers, Buben zwischen fünf und elf Jahren, helfen ihm dabei.

„Jetzt, Seppl", lässt sich der Natz vernehmen „gibst mir das Hirtenbübl, das zum Stall Brot trägt." - Das Bürschl hebt die gewünschte Figur aus der großen Schachtel. Der Jüngste, der Stöffl, greift auch in den Karton, fasst eine Schnur, zerrt sie ans Licht, ein Goldengel hängt am Ende. Der Knirps schwingt den Fund fröhlich im Kreis. „Hör auf!" brüllt der Natz „die Flügel reißen ja aus, wart, ich zieh dir die Ohren lang!" Die zornige Stimme erschreckte das Hansele. Plumps macht's, und der Sprössling sitzt am Boden, grad an der Stelle, wo sich der Natz die aus Wachs geformte Gottvaterfigur von der Gloria bereitlegte, damit er das Stück zur Hand habe, wenn er es brauche. Das ist eine Jammerei: „Gott Vater wie schaugst du aus ? Das Gesicht quetscht, was mach ich nur?" - „I schnitz einen Gottvater", meint der elfjährige Maxl, der auf der Ofenbank hockt und mit dem Küchenmesser an einem Holzstück Schnitzversuche übt. Der Natz kratzt sich ungläubig am Kopf, dann sagt er versöhnt: „Jetzt gebt's Ruh, sonst bekommt ihr keine Gaben. Überhaupt was hab's denn bestellt?"

Mit dieser Frage hat der Natz erst recht ins Wespennest gestochen. "Schi hab i gwünscht", kräht der Hansl. - „I möcht' eine Eisenbahn samt Tunnel", bekennt der Maxl. - „Nicht übel", begutachtet der Natz die Wünsche. "Und was möchtest du?" fragt er den Stöffel. „Mögen tät i einen großen Zibebengugelhupf, aber die Mutter sagt, i brauch eine neue Landkarte für die Schul." - „So, so", meint der Natz, „fleißig lernen ist immer die Hauptsach." - „Hast du nichts gewünscht?" wendet er sich nun an den Seppl, der ganz still neben ihm sitzt. „Freilich. Das Christkind sollt bei uns einkehren und dableiben." Sehr zart streicheln die groben Bauernknechtfinger über den Schopf des jungen Menschenkindes, das eine solch Sehnsucht im Herzen trägt.

„Es klopft, eine Frau bittet um etwas
Milch für ihr Kindlein"

Zages Klopfen an der Tür lässt alle aufhorchen. „Herein!" ruft der Natz. Auf der Schwelle steht eine fremde Frau, sie schleppt einen Koffer und hält in der Armbeuge ein Bündel. Aus dem Pölsterchen dringt leises Weinen. „Kommt nur herein", ladet der Natz freundlich die Fremde ein. Die Frau bittet um etwas warme Milch für ihr Kindlein. Die Bäuerin kommt aus der Küche. Schnell bereitet sie ein warmes Mahl, und sie richtet herzliche Worte an den Gast. Da erzählt die Frau, dass sie weit fort daheim sei, der Gatte durch einen Unfall gestorben, mittellos stehe sie da. Jetzt habe ihr das Arbeitsamt eine Stelle verschafft, beim Bachbauer, dessen Hof hinter der Passhöhe liegt, kann sie als Magd eintreten, und sie erkundigt sich nach dem Weiterweg. Besorgt meint der Natz, sie sollte mit dem Wandern zuwarten, der tückische warme Wind, der draußen wehe, löse unvermutet Lawinen aus, oft schon habe eine den Steig verschüttet. Auch die Bäuerin mahnt zur Vorsicht. Die Frau lässt sich aber nicht aufhalten, sie will rechtzeitig auf ihrem Dienstplatz ankommen. Die Tannhoferin füllt eine Flasche Milch und stopft einen Papiersack mit Krapfen voll als Zehrung. Dankend verließ die Frau das Haus.

Die Bäurin geht wieder an ihre Arbeit. Auch der Natz baut an der Weihnachtskrippe weiter, von den Buben unterstützt. Doch beide Erwachsenen sind nicht mehr recht bei der Sache. Es passiert, dass der Bäurin die Zimtstangerln, die sie bäckt, speckig werden, weil sie versäumt hat, das Rohr zu schließen. Und der Natz stellt gar den Mohrenkönig als Sankt Josef auf. Unruhig verfolgt die Bäurin durchs Fenster den Aufwärtsweg der Fremden. Sieht sie richtig? Oben am Kar löst sich eine eine weiße Wolke los! Schon gellt ihr Ruf durchs Haus: „A Lahn kommt!" Donner rauscht, das Haus erbebt in den Grundfesten. Alle eilen vor die Tür. Über den Steig wälzen sich Schneemassen, entwurzelte Bäume mitreißend. Der Bauer und zwei Knechte eilen aus der Scheune, wo sie beschäftigt waren, herbei. Die fremde Frau ist nicht mehr zu erblicken. Die Männer raffen Rettungsgeräte auf. Der alte Natz packt ein paar leichte Bretter. Alle stapfen zur Unfallstelle. Die Mutter muss die Kinder beruhigen.

Oben angelangt, arbeiten die Bergler fieberhaft am Rettungswerk. Zwei mächtige Bäume, die sich quer stauen, müssen weggeräumt werden. Darunter ist eine freie Stelle. Ein Arbeiter zieht ein Stoffbündel hervor. Stärker wird das Wimmern. Dem Kind ist nichts geschehen. Behutsam trägt es der Natz hinunter zum Hof. Die Männer graben weiter. Erst nach Stunden finden sie die Frau vom weißen Tod erstickt. Auf dem Schlitten bringen die Knechte die Tote ins Tal.

Die Heilige Nacht grüßt aus Millionen flimmernden Sternenaugen die stille Welt. Im Tannhof riecht es nach Tanngrün und nach Weihrauch. Eben hat man die alten Bräuche verrichtet. Die Bewohner sind in der Stube versammelt. Im Kripplein brennt das Öllicht. Unterm Christbaum breiten sich viele schönen Dinge aus. Aber die Buben trauen sich nicht, zu mucksen. Verstohlen guckt der Hansl nach der am Ofen aufgestellten Wiege. Der Maxl reckt und streckt seinen Hals, damit er besser hineinsehen kann. Der Seppl und der Stöffl schielen seitwärts. Goldfarbige Löcklein ringeln sich am weißen Pölsterchen und ein apfelwangiges Gesichtlein schläft im Betterl. Grad wie das Christkind im Krippenstroh vergleicht der Stöffl. Der Maxl weiß mehr: Sie haben ein Schwesterchen bekommen! Er hat gehört, wie der Vater zur Mutter sagte, dass er sich im Dorf gleich erkundigte, aber niemand will das Waisenkind nehmen. „Behalten wir's, die Buben freuen sich gewiss über ein Schwesterl!" Die Mutter hatte den Vater zustimmend die Hände gedrückt. Der kleine Seppl aber glaubt fest, das Christkind selbst wäre gekommen. Von dem mächtigen Stück Zelten, das er erhalten hat, brockt er jetzt ein großes Eck ab, trippelt zur Wiege und legt, genau wie das Hirtenbübl im Bethlehemstall, sein Geschenk hinein. Weihnachtsgnade segnet die guten Leute im Tannhof.

Wie ein Bub Krippenschnitzer wurde

In der guten alten Zeit, die bei weitem nicht so gut war, wie man heute annimmt, wuchs Franz der Sohn einer armen Witwe auf. Die Frau musste täglich auf Arbeitssuche ausgehen, um das Notwendigste für den Lebensunterhalt zu verdienen. Kam der Bub von der Schule heim, stand auf dem Herde ein karges kaltes Mittagessen, meistens aus Kartoffeln und Kaffee bestehend. Nur manchmal bekam er etwas Besseres, nähmlich Speisereste, die die Mutter aus einer Kantine mitbrachte, in der sie öfters beschäftigt war.

Eines Tages kehrte im Hause der Witwe ein Kapuzinerpater ein, er wollte für den Orden edle Gaben sammeln. „Die Mutter ist nicht da, und ich habe nichts!" entschuldigte sich der Bub. „Wenn du nichts hast, so habe ich etwas", sagte der Pater und überreichte ihm ein Büchlein, das vom Kapuzinerpater Chrisostomus Schell und seinem wunderbaren Jesukindlein erzählte, das heute noch in Salzburg aufbewahrt und hoch verehrt wird. Mit großem Interesse las Franz die Geschichte und wünschte sich auch ein Jesuskind. Doch die Mutter sagte traurig: „Solche Statuen sind teuer, und ich habe dafür kein Geld." Da Franz ein braver Bub war, erwählte ihn der Herr Pfarrer zum Ministrieren. Vor Weihnachten bekamen die Ministranten eine kleine Vergütung. Mit diesem Geld kaufte Franz einige Krippenbögen, schnitt zu Hause die Figuren aus und fertigte eine einfache Krippe an. Aber immer schwebte ihm der Gedanke vor, ein Jesukindlein zu besitzen. An einem schulfreien Tag saß er allein zu Hause, da fiel ihm ein, ein Jesukindlein zu schnitzen. In der Küche fand er in der Holzkiste ein Stück gehobeltes Holz, damit versuchte er seine Kunst. Den ganzen Tag schnitt er mit dem Taschenmesser, bis gegen Abend etwas Menschenähnliches zu erkennen war. Nun reichten seine Kenntnisse nicht mehr aus, er eilte zum Krippenschnitzer Bergheimer, dem er sein erstes „Kunstwerk" zeigte. „Was soll das sein?" fragte der Mann. „Ein Jesukind soll es werden", antwortete der Knabe. „Mein lieber Bub", meinte der Schnitzer „so sieht wohl kein Christkind aus." Darob wurde der Bub sehr traurig und fing an zu weinen. Interessiert fragte der Mann: „Hast Freude am Schnitzen?" „Ja, das möchte ich gerne, aber allein bringe ich es nicht zu stande", antwortete der Knabe treuherzig. „Wie alt bist du?" fragte der Schnitzer. „Bald werde ich vierzehn Jahre und komme heuer aus der Schule", erklärte Franz. „Was willst du werden?" forschte der Mann. „Ich weiß es noch nicht, aber am liebsten möchte ich das Schnitzen lernen", gestand

der Bub. „Mir wäre es recht, wenn ich einen eifrigen Lehrling bekommen könnte. Wenn es dir bei mir gefällt und deine Mutter ein-
verstanden ist, so komm."

„Hast a Freude am Schnitzen?" - „Ja - aber allein bring i nix zusammen"

Freudig eilte Franz heim und erzählte der Mutter, wo er gewesen
sei und was er vorhabe. Die Mutter freute sich über den Entschluss
ihres Sohnes, auch war der Krippenschnitzer in der Gemeinde als
braver Mann und Könner geschätzt. Ihm konnte man den Jungen
gut anvertrauen, bei diesem Meister konnte er viel lernen.
In der ersten Zeit ist dem Lehrling wohl manches Stück missglückt,
doch der Meister hatte Nachsicht und Geduld und führte Franz
stetig aufwärts. Bald führte er leichtere Arbeiten zur Zufriedenheit
des Lehrmeisters allein aus.
Nach zwei Jahren starb nach kurzer Krankheit die Frau des Schnit-
zers. Seine einzige Tochter, erst sechzehn Jahre alt, konnte noch
nicht den Haushalt führe, so dass der Meister eine Wirtschafterin
aufnehmen musste. Seine Wahl fiel auf die Mutter des Franz, die
gerne diesen Posten annahm, um bei ihrem Sohn zu sein. Franz
wurde, da er körperlich zu schwach war, vom Militärdienst befreit
und konnte bei seinem Meister bleiben, was ihm und der Mutter
sehr lieb war. Geschick und Talent bewogen den Meister, Franz zur
weiteren Ausbildung auf seine Kosten nach Deutschland zu schicken. Nach drei Jahren kehrte er mit guten Zeugnissen zurück, um
sein künstlerisches Können in der Heimat auszuüben.

Eines Tages rief ihn der alte Meister zu sich in die Schreibstube.
„Franz", sagte er, „heute habe ich ein ernstes Wort mit dir zu reden. Ich merke, dass ich alt werde, ich bin den heutigen Anfor-
derungen nicht mehr gewachsen, ich möchte meine Werkstatt,
mein Geschäft dir übergeben." Der Mann unterbrach verlegen.
„Ich habe gemerkt, dass dir meine Tochter nicht ganz gleichgül-
tig ist, wie wäre es, wenn du sie zu deiner Frau nehmen würdest,
denn sie hat mir gestanden, dass sie dich sehr liebt. Deine Mutter
hat sie in der Hauswirtschaft unterrichtet, und sie versteht das Ko-
chen. Was sagst du zu meinem Vorschlag?" Wie aus den Wolken
gefallen, doch freudig erregt, stand Franz da, als er das Anliegen
des Meisters vernahm. Dann entströmte es einem überglücklichen
Herzen: „Meister gern will ich Euren Wunsch erfüllen! Ich danke
für das große Vertrauen, das ihr mir schenkt." Bald wurde die Ver-

lobung gefeiert, und in der Weihnachtszeit am Dreikönigstag vor dem Krippenaltar in der Pfarrkirche wurden die jungen Leute getraut. Franz führte die Bildhauerei erfolgreich fort und wurde ein bekannter Krippenschnitzer.

Die Krippenmoossammlerin

Die „Kratzer Warbl" war eine alleinstehende Witwe, sie bewohnte ein kleines Haus am Ende des Dorfes. Um das Haus kränzten sich Wiesen und kleine Äcker. Zwei Ziegen und ein paar Hennen machten ihren Viehstand aus. Meist beschäftigte sie sich mit Spinnen von Wolle und mit Stricken von Wollstrümpfen und Socken. Bevor der Winter einbrach, sah man sie fleißig im Walde, wo sie von den Felsen und unter den Bäumen Moos für die Weihnachtskrippen sammelte. Säuberlich reinigte sie es, legte es in grünliche Farbe, um den Moos eine größere Haltbarkeit zu verleihen. In der Adventszeit trug sie es in Häuser, wo Krippen aufgestellt wurden. Dafür bekam sie zu ihrem schmalen Verdienst Lebensmittel und auch etwas Geld. Aber auch andere Leute nahmen ihr Moos ab und legten es zwischen Sommer- und Winterfenster.

An einem Sylvestertag war es sehr kalt. Warbl suchte verschiedene Häuser auf, um den Leuten fürs kommende Jahr alles Gute zu Wünschen. Das trug ihr immer eine Kleinigkeit ein. Arg erfroren kehrte sie beim Stixnerbauern ein, der bot ihr gleich einen Schnaps an, den sie gerne trank. Und sie lobte das scharfe Tröpfchen über den grünen Klee. Daher gab ihr der Bauer eine Flasche Schnaps mit, die sie gerne annahm. Zu Hause vor dem Schlafengehen sprach sie der Flasche gehörig zu, so dass sie mit einem zünftigen Rausch samt den Kleidern ins Bett sank.
An Sonn- und Feiertagen sah man die „Kratzer Warbl" immer frühzeitig zum Gottesdienst in die Kirche eilen. Aber am Neujahrstag erblickte sie niemand. Die Nachbarsleute vermuteten, dass der Warbl etwas zugestoßen sei.

„Die Warbl liegt im Bett und rührt sich nicht mehr"

Ein Bub musste auf den Fensterbalken klettern und nachschauen. Der Vorhang war nicht ganz geschlossen, da sah er sie auf dem Bette liegen. Er rief zu den Leuten hinunter: „Die Warbl liegt im

Bett, aber sie rührt sich nicht!" Gleich musste der Bub zum Pfarrer und zum Doktor laufen, denn es konnte ja etwas Schlimmes passiert sein. Auch der Bürgermeister wurde gerufen, der mit einem Dietrich die Haustür öffnen ließ. Arzt, Pfarrer und einige Frauen traten in die Stube. Der Arzt untersuchte die leblos Scheinende und fand nichts Gefährliches außer einem erhöhten Pulsschlag. Da macht Warbl einen tiefen Atemzug, seufzte, und ein starker Schnapsgeruch entströmte ihrem Munde. Hierauf sagte der Arzt zu den Umstehenden: „Der fehlt gar nichts, sie hat nur einen gehörigen Schnapsrausch, morgen ist sie wieder gesund." Die Leute entfernten sich.

Warbl verschlief den ganzen Neujahrstag und wachte erst am zweiten Jänner in der Früh mit einem riesigen Durst auf. Vorerst legte sie sich nochmals in die Federn, denn sie glaubte, es sei Neujahrstag und wollte erst zum Spätgottesdienst die Kirche aufsuchen.

„Es kam ihr eigenartig vor, dass niemand auf dem Weg zur Kirche war"

Um sieben stand sie auf, fütterte die hungrigen Ziegen und Hennen und machte sich zum Kirchgang bereit, in der Meinung, es sei Neujahrstag mit Festgottesdienst. Es kam ihr merkwürdig vor, dass sie niemand auf dem Kirchweg sah. Ein Bauer lud sogar Mist auf einen Schlitten, ein anderer hackte Holz vor dem Hause. „Mein Gott!" jammerte die Warbl „wird doch die Welt immer unchristlicher. Nicht einmal die Festtage werden gehalten!" In der Kirche war alles leer, obwohl es gegen neun Uhr ging. Sie kannte sich nicht mehr aus und suchte den Herrn Pfarrer im Widum auf. „Herr Pfarrer, ist heute nicht Neujahrstag, gebotener Festtag?" „Nein", erwiderte der Pfarrer „heute ist zweiter Jänner und Werktag. Du hast gestern den ganzen Tag deinen Rausch ausgeschlafen und den Gottesdienst hast du verträumt. Den Gottesdienst kann ich dir nicht nachtragen, aber eine Predig kann ich dir halten." Der Pfarrer wies auf das Ärgernis hin, das sie gegeben hatte. Zerknirscht und gedemütigt verließ sie das Pfarrhaus. Als sie zu ihrem Hause ankam, sah sie an der Tür ein Plakat hängen, worauf folgender Spottvers stand:

> „Die Kratzer Warbl hat Schnaps gar gern,
> sie sieht bei Tag ja schon die Stern;
> Silvester hatte sie einen Affen,
> drum hat sie Neujahr ganz verschlafen."

Ich bin der gute Hirte

Der gute Hirte lässt sein Leben für die Schafe.
Der Außenseiter aber, der nicht Hirte ist, dem die Schafe nicht gehören,
sieht den Wolf kommen, verlässt die Schafe und flieht. Er kümmert sich
nicht um die Schafe. Ich aber bin der gute Hirte und kenne die Meinen,
und die Meinen kennen mich, wie mich mein Vater kennt, und ich den
Vater kenne. Ich lasse mein Leben für die Schafe.

Zornig zerriss sie das Plakat und warf es in den Ofen. Den restlichen Schnaps schenkte sie einem alten Mann, um nicht mehr in Versuchung zu kommen. Am Dreikönigstag ging sie zur Beichte. Sie muss eine ziemlich große Buße bekommen haben, denn sie betete nachher einen Rosenkranz.

Wenn Warbl früher oft über Leute schimpfte, die über den Durst getrunken hatten, so wurde sie jetzt gütiger in der Beurteilung, nachdem sie selbst einen Rausch gehabt hatte. Dazu verhalf ihr auch ein Wort aus der Heiligen Schrift, im Brief des heiligen Paulus an die Römer, zweites Kapitel, las sie: „Meinst du o Mensch, der du das gleiche tust wie jene, die du richtest, du werdest dem Gerichte Gottes entfliehen?" Sie schlug das Buch zu und sagte: „Recht hast, heiliger Paulus, ich will mir das merken; das mein erster und mein letzter Rausch." Um diesen Vorsatz treu zu bleiben, gab sie das Moossammeln und das Neujahrwünschen am Silvesterabend auf.

Die Krippe ohne Geburt

Schwefelig glost der Himmel über den Solstein. Nun ballen sich Wolken, sie werfen Düsternis in den neigenden Tag. Die Kuttermutter ist daheim, eine Krankheit hält sie an der Stube gebunden. Der Vater ist zu den Bauern helfen gegangen. Die Kinder befinden sich bei Verwandten in Ferien.

Blitze leuchten und werfen fahles Licht ins Zimmer, das noch roh ist, sie sind erst vor etlichen Tagen in den ungenügend fertiggestellten Neubau eingezogen. Der Dorfbrand hatte auch ihr Haus nicht verschont, ein Jahr lang fretteten sie in einer Notbaracke, jetzt haben sie am Dorfrand aufgebaut.

Die Frau beugt sich über den Bettrand und blickt zum Himmel, sieht ein Gewitter aufziehen. Auf den Äckern steht zu Schobern gebunden das Getreide. Am Feldweg kommt der Vater heimwärts. Hat ihn das nahende Unwetter vertrieben? Er wollte doch beim Kornabladen dabei sein. Dafür hätte sie eine Woche lang Gratismilch bekommen. Der Vater, ein Kunstmaler, hat schon längere Zeit keine rechte Arbeit, sie nagen am Hungertuch. Wollte man ihn etwa gar nicht mitarbeiten lassen beim Getreideschnitt?

Die Bauern sind ja überlaufen von Helfern. Verdrossen stapft der Mann in die Stube. Sorge peinigt die Kranke. Wie ein Eisschauer läuft es ihr durch den Körper, als er sagt: „Muetter, i hab koa Arbeit kriegt. Aber der Postwirt wüsste mir einen Käufer für unsere Weihnachtskrippe. Er schickt ihn Morgen her. Ein Ausländer soll es sein, der gut bezahlt. Die Bauschulden drängen, du brauchst a kräftiges Essen, die Kinder brauchen Schuah auf den Herbst. I hab mi entschlossen: I verkauf die Krippe!" - „Sie ist das einzige Stück, was wir aus dem brennenden Haus errettet haben", flüsterte die Frau.- „Sie hat ihren Wert und ist uns jetzt a Notbrücke", der Mann beugt sich nieder und drückt mit sanfter Gewalt die blassen Hände.

*„Ich verkauf die Krippe, sie ist das Einzige
was wir retten konnten"*

Im nächsten Augenblick sagte die Frau stoßweise: „Franz ... ja, es muaß sein ... doch i bitt dich, behalt die Geburt z'rück ... damit wir zu Weihnachten nit eine leere Stube haben." - Der Mann kratzte sich am Kopf: „Hoffentlich nimmt der Käufer die Krippe ohne Geburt. Jetzt geh ich auf die Tenne, wo die Kiste mit den Figuren steht. I möcht alles sauber zsammrichten." - „Ja, geh", ermuntert ihn erleichtert die Kranke.

Draußen prasseln schwere Tropfen nieder. Blitze peitschen durch den Äther, Sturm fegt über die Flur, das Unwetter entladet sich. Die Leute eilen, die Röcke über den Kopf gezogen, nach Hause. Im Laufschritt erreicht der Schatzbauer das Kuttahaus, er haust noch weiter entfernt, so sucht er vor dem strömenden Regen einen Unterstand. Er begibt sich in die offenen Tenne. Zwar ist sein Gefühl nicht gerade süßlich, denn er lebt mit dem Kutta-Franz auf krummen Fuß, seit er ihm die Maurer vor der Nase weggeschnappt hatte, aber durchnäßt werden ist auch nicht fein.

Als sich seine Augen ans Dunkel gewöhnt haben, gewahrt er eine sitzende Gestalt. Wer ist das? Der Mann klaubt aus der Kiste einen Menge Zeug. Schatz verhält sich still. Er vernimmt nun das Selbstgespräch des anderen: „Goaßhirt, dir hat der schwere Mohrenkönig, der auf dir gelegen ist, den Hütstock verdrückt, i muaß ihn gradbiegn. Du, Oarbübl, bist voll Staub, laß dich abwischen Schau, schau, dem Herbergswirt ist ein Zahn ausgebrochen! Jöh, der Kaskessel vom Hirtenstall hat sich auf den Palastbalkon verirrt. Unsere Plünderei hat eben alles durcheinandergewurstelt. Ist an der Zeit, dass i Ordnung schaff. Mein Gott, der Verkauf ins Ausland kimmt mich hart an, aber ... keine Arbeit... die Kinder klein ... die Mütter krank ... Schulden bis übern Hals hinauf ..." Franz verbirgt das Gesicht in seinen Hände.

Ist es denkbar? Solche Not drückt den Mitbürger. Totenstille eine kleine Weile. Das Unwetter hat sich verflüchtigt, zage Helle fließt durch die offene Tür herein. Eine Spinne, die sich vom Dach abgeseilt hat, nimmt ungestört ihren Weg über die knochigen Finger des sitzenden Menschen, der alles Empfinden verloren zu haben scheint.

Jetzt löst sich der Schatzbauer aus den Schleiern der Dämmerung, kommt zögernd schrittweise näher, macht sich durch Husten bemerkbar. Knapp vor dem Maler angelangt, sagte er ein einziges Wort: „Franz!" - Dieser reißt beide Arme hoch, wie zur Abwehr: „Hans ... du? ... Was bedeutet das? Warum kommst du zu mir? Kann i dir was helfen?"

Da fällt der Bauer ins Wort: „I weiß alles. Ins Ausland willst die Krippe verkaufn. Des darfst nit! Die Krippn muß im Dorf bleiben. I kauf sie. I hab bloß a Geburt und wollt schon lang eine ganze Krippe haben." „Hans i kann's nit fassen? Du bist mir nit mehr Feind? Du willst mi retten. I gib dir gern mei Krippe. Sie stammt vom Künstler Flöy. Die Geburt behalt i, weil du ja selber eine hast. Die Geburt hat nämlich der Franz Plattner geschaffen. I kann dir nit sagen, wie i mich jetzt freu!"
So war es gekommen, dass die kostbare „Kuttakrippe" dem Krippendorf erhalten blieb.

Herbergsuche

Weihnachtsabend ist's. - In der Stube auf der Ofenbank hat sich der Schütthofbauer niedergelassen. Hartes Tagwerk liegt hinter ihm. Jetzt ist er müde und hält eine kurze Rast. Später werden die Nachbarn kommen, um gemeinsam zur Mette ins Dorf zu gehen. Der Bauer zieht die Pfeife aus dem Stiefelschaft und stopft sie, die Zünder liegen am Tisch, er steht auf und geht - als hätte er auf die Streichhölzer plötzlich vergessen - zum Fenster, wischt mit dem linken Hemdsärmel den Dunst von den Scheiben und blickt ins Freie. Nebel liegt grau über dem Tag. Die Fluren sind vom Schnee wie mit einem weißen Tuch zugedeckt. Reglos verharrt der Mann beim Fenster, mehr als vorher spürt er die Müdigkeit in den Gliedern ziehen. Er fühlt sich recht einsam. Die Knechte haben Feiertagsurlaub genommen, lediglich die alte Wirtschafterin und der Stallbub sind am Hof. Wie eine Kralle hackt sich ihm der Gedanke in den Kopf: Glück könnte am Schütthof weilen, wenn nicht der Streit zwischen ihm und seinem einzigen Sohn wäre. Der Vater wünschte, dass er die reiche Nachbarstochter freien sollte, aber der junge Bauer nahm eine arme Magd zum Weib. Das war der Schlag für den stolzen Schütthofer. Er brach einen furchtbaren Streit vom Zaun, hier, in der Stube, knallte seine geballte Faust in das Gesicht des Sohnes. Bei Nacht verließ dieser mit seiner Frau das Elternhaus. Dreiviertel Jahr ist darüber vergangen. Der Schütthofer schafft mit dem Gesinde.

„Glück könnte am Schütthof einziehen, wenn nicht der Streit zwischen Vater und Sohn wäre"

Wohlstand mehrt sich am Hof. Der Sohn dagegen lebt in Not. Man erzählte es dem Bauer: Der junge Mann arbeitet fleißig auf der gepachteten Scholle, aber wie ein Feind stellt sich ihm der Boden entgegen. Oft kann der Schütthofer beobachten, wie die Wirtschafterin eine Kanne Milch füllt oder wie sie Kartoffel in einen Korb packt und den Stallbub damit fortschickt, wohin, kann er sich ja leicht denken. Diese Gaben müssen aufhören, sagt er sich in verbissenem Trotz. Sein Körper wird straffer, polternden Schrittes durchmisst er die Stube, beim Tisch ergreift er die Zündhölzerschachtel, entzündet die Lampe und dann den Tabak, geht darauf wieder zum Fenster, zieht die Vorhänge zu, dann hockt er sich auf die Ofenbank und pafft dicke Rauchwolken.
Die Stubentür wird geöffnet. Die Wirtschafterin, ein flinkes Weiblein, schiebt den Kopf durch den Spalt: „Bauer, das Essen ist fertig", sagt sie. - „So", antwortet mürrisch der Schütthofer. Die Frau tritt ganz ein und meint geschäftig: „Ein Rahmmus mit Zibeben gibt's, Mohnkrapfen hab ich auch gekocht und einen Zimtwein gemacht. Jetzt richt ich noch die Geschenke", berichtet sie schnell und wischt dabei mit der Küchenschürze über das Gesicht. Der Bauer erhebt sich und sagt: „Zuerst kommt das Weihräuchern dran." - „Ja, freilich", nickt das Weiblein, und eilt hinaus.

Weihnachtsessen und Rosenkranzbeten sind vorbei. Die Wirtschafterin wäscht das Geschirr, der Stallbub putzt die Glasfensterchen an der Laterne, die man für den Mettengang braucht. Der Bauer hat die Krippe aufgestellt. Da knarrt die Haustür. An der Stubentür wird geklopft. Kommen schon die Nachbarn? denkt der Bauer verwundert und öffnet. Draußen stehen zwei arme Menschen, der Sohn ist's, er stützt seine Frau. Zorn brennt im Gesicht des Schütthofers. „Was wollt's?" Kurz und dumpf klingt die Frage. - „Vater", fleht der Mann, „ich bin mit der Lene auf dem Weg ins Dorf, um einen Platz zu suchen für ihre schwere Stunde. Das Waten im Schnee nahm ihr die Kraft, sie kann nicht mehr weiter. Vater gib ihr eine Kammer!"

„Für euch hab ich keinen Platz!" brüllt der alte Bauer. Das junge Weib öffnet den Mund, als wollte sie etwas sagen, aber man hört keinen Laut, nur die Finger krampfen sich in das Wolltuch, das sie sich um den Körper gewickelt hat. Von Verzweiflung gepeitscht, stürzt sich der Sohn auf den Vater, rüttelt an ihm, schreit: „Vater!" Ruckartig befreit sich der Schütthofer aus der Umklammerung, er fasst die Tür und will sie zuwerfen.

Die Wirtschafterin ist aus der Küche geeilt. Sofort erfasst sie die Lage und weiß auch schon einen Rat. Blitzschnell schiebt sie den nassen Abwaschfetzen, den sie in der Hand hält, zwischen Tür und Stock und packt den Bauern beim Rockkragen: „Da bleib stehen!" befiehlt sie. Hast vergessen, dass heute Christnacht ist? Da gehört Friede ins Haus! Der Jakob und die Lene sind tapfere Menschen, nur dein Starrkopf gönnt den beiden nicht das Glücklichsein. Helft alle zusammen, dann wird das Leben auf dem Schütthof eine Freud! Und damit du es weißt: „Ich bring die Lene in meine Kammer. Jakob lauf um Hilfe, ich hoffe, wir kriegen ein Weihnachtskindl."

„Den Schütthofer fröstelt, als stände er draußen in der eisigen Nacht"

Verblüfft ist der Bauer stehen geblieben, die Rede der Haushälterin ist ihm messerscharf ins Herz gedrungen. Er hört die Haustüre schließen und die Stiege unter mühsamen Schritten knarren. Den Schütthofer fröstelt, als stände er draußen in der kalten Winternacht. Er schreitet, die Hände in den Hosentaschen vergraben, im Raum auf und ab. Manchmal hält er inne, denkt, überlegt. Die Zeit vertropft. Stille erfüllt die Stube. Je länger der Schütthofer herumwandert, desto wärmer wird ihm im Herzen. Ja, er ertappt sich, wie er stehengeblieben ist und lange zur Decke empor horcht. Über der Stube hat die Wirtschafterin ihr Zimmer. Eine tiefe Freude hat den Bauern ergriffen, jetzt weiß er, was er machen wird. Bevor die Nachbarn zum Mettengang eintreffen, kommt die Haushälterin in die Stube. Sie zupft erregt an den Enden ihres Kopftuches und sagt. „Bauer, einen Enkel hast bekommen." - „So", meint dieser still, dass das Weiberl verwundert den Kopf schüttelt, sie weiß nicht recht, was sie sich denken soll. So freundlich ist der Bauer auf einmal. Er geht an ihr vorbei, steigt die Stiege hinauf zur Kammer und nimmt vorsichtig die Türschnalle zwischen die zehn Finger. „Bscht!" macht er zu sich selber, drückt die Klinke nieder und schiebt sich über die Schwelle. Der Schütthofer tritt an das Bett, die junge Mutter schaut scheu den Mann an. „Großvater", lacht sie. Die groben Bauernfinger schließen sich um die heiße Frauenhand. Verlegen sagt der Bauer: „Hab Dank, Lene. Vergib mir meine Schuld, von jetzt ab soll alles anders werden. Ich trag die Wiege vom Dachboden herunter, ihr bleibt auf dem Hof. Ich zieh in den Austrag und freu mich schon auf das nächste Enkelkind." - Der Händedruck verstärkt sich, das gilt dem Bauern mehr als eine kräftige Zustimmung.

Leise war inzwischen die Tür aufgegangen, die Haushälterin und der Jakob hatten neugierig die Köpfe durch den Spalt geschoben und als sie die beiden herzlich reden hörten, schnell wieder zurückgezogen und lautlos zugemacht. Zufrieden nickt die Wirtschafterin und zieht den Jungbauern mit sich fort, um nur ja nicht zu stören. „So ist's recht", schmunzelt sie.

Weihnachtsglück ist auch am Schütthof eingekehrt.

Zum Schluss noch ein Krippengeschichtlein
aus dem Leben von Johann Seisl

Hat mich da kürzlich ein guter Freund aus Innsbruck gefragt: „Wie lange betreibst du eigentlich deine Krippenarbeit?" Ich gab ihm darauf zur Antwort: „Frag mich lieber wie alt ich bin, dann fehlst nicht weit." In der Tat, es fehlt nicht so weit, dann so in der Zeit des ersten Hosentragens, so gegen das dritte Jahr, kann ich mich noch lebhaft erinnern, dass ich mich schon mit Krippenarbeit beschäftigt habe.

Das kam nämlich so: In unsere Hauskrippe, die mein Vater selig jedes Jahr aufgemacht hat, hat er um diese Zeit einige Tiere hi-

neingeschnitzt, Hirsche, Rehe, Gämsen etc. und das hat es mir an-
getan. Es befand sich in dieser Krippe auch ein alter Hirte, den ich
noch heute nach hoch sechzig Jahren in vollster Leibhaftigkeit vor
mir sehe mit seinem grünen Hut, mit gelber Joppe, Hirtentasche
und Stock, und unterm linken Arm trug er einen Gockel als Opfer
fürs Christuskindlein.

„Der Gockel wurde für mich zum Verhängnis"

Dieser Gockel sollte nun für mich zum Verhängnis werden, oder
hat er meine Krippenlaufbahn verraten?
Ich weiß es nicht. Ich stocherte halt so am Gockel herum und auf
einmal ein Knicker, der Arm war gebrochen, der Gockel frei und
ich sah schon die dräuenden Gewitterwolken auf dem Antlitz des
Vaters. Ein kräftiger Hieb saß an jener Stelle, auf der ich sonst selbst
zu sitzen pflegte.

In den Schuljahren schnitzte ich mit einem Federmesser weiter,
später richtete mir der Vater aus einer alten Sense so eine Art Schu-
sterkneip zurecht. Dies war für mich schon ein Fortschritt. So um
das 15. Lebensjahr brachte mir mein Onkel, Mutters Bruder aus Ro-
senheim, eine Garnitur Schnitzeisen. Mit einem wahren Hallo wurde weitergeschnitzt, und als nun der Vater sah, dass ich halt doch
nimmer ablassen wollte vom Schnitzen, ließ er mich im 17. Lebensjahr im Winter auf 8 Tage zum alten Schandl, Franz Pernlochner
nach Thaur gehen zur Ausbildung im Schnitzen und Fassen. Meine
Mutter selig hat mich hierzu gerüstet mit einem Butterknollen so
bei 5 Pfund schwer. Ich fand recht freundliche Aufnahme dort und
büffelte von früh bis spät abends an den Krippenfigürchen herum.
Ich könnte von diesem edlen Menschen allein ein kleines Büchlein
schreiben, so viel hat er mir während unseres Zusammenseins von
seinen Erlebnissen mitgeteilt. Es soll aber nur ein Gespräch Erwäh-
nung finden. Eines Abends nach Feierabend saßen wir, wie fast
täglich, nebeneinander auf der Bank vor seiner etwa drei Meter
langen schönen Krippe. In feierlichem Ton sprach er: „Bua, i sag
dir, wer a Krippele hat und dasselbe alljährlich au`macht und in
Ehren halt`, dem brennt`s Haus net ab!"

Ich ging dann nach den für mich sehr fruchtbaren acht Tagen wieder heim und schnitzte fest drauf los. Ich hatte schon einige kleine
Aufträge erhalten, und weil die Zeit vor Weihnachten knapp war,
musste ich im Advent meist bis Mitternacht arbeiten.

Am 20. Dezember sollte ich besonders an die von meinem väterlichen Freund mit so viel Wärme und Überzeugung gesprochenen Worte erinnert werden. Genannten Tags schnitzte ich wieder bis gegen ein Uhr nachts und als ich mich zur Ruhe begeben wollte, mein kleines Öllämpchen anzündete und durch die Stubentüre in den Hausgang trat, entdeckte ich zu meinem Schrecken qualmenden Rauch.

„Wer eine Krippe aufstellt, dem brennt das Haus nicht ab"

Ich suchte nach der Ursache in der Küche, der Speise, dem Stall, in den Zimmern des ersten Stockes, ja sogar bis zum Dachboden, fand aber nirgends Verdacht. Der Rauch wurde immer dicker, so dass ich wirklich schon an Erstickungsgefahr dachte. Ich fand es an der Zeit, meine Eltern, Geschwister und Dienstboten zu wecken. Als wir alle neuerdings alles ausspähten, öffneten wir noch die Türe zum ersten Stock auf die Altane ins Freie. Diesen Moment schlug eine mächtige Feuersäule unmittelbar neben uns bis zur Decke in die Höhe. Wasser hatten wir schon zur Hand, also war die Gefahr in wenigen Augenblicken beseitigt und der Brand gelöscht. Diese Weihnacht hat wohl die Familie in besonderer Dankbarkeit vor der Krippe gekniet und sich an die oben zitierten Worte Pernlochners erinnert. Hätte ich nicht für die Krippe so dringend gearbeitet, so wäre ich gleich nach den anderen zu Bette gegangen! Wer kann also wissen, ob es nicht zu einer Katastrophe gekommen wäre? Ich bin weit entfernt von der Denkungsart, etwa die Krippe als Brandschadensversicherung anzusehen, das wäre wohl die billigste Art und Weise.

Ich für meine Person kann aber nicht umhin, die Worte Pernlochners kräftigst zu unterstreichen, zumal dies nicht der einzige Fall ist, sondern ich sogar dreimal schon unter ähnlichen Umständen und gerade durch die Krippenarbeit in die Lage kam, unser Haus und unsere Familie zu retten. Es haben sich halt immer wieder die Worte Pernlochners bewahrheitet: „Bua, i sag dir, wer a Krippele hat und dasselbe alljährlich au`macht und in Ehren halt`, dem brennt's Haus net ab!"

Krippenkalender

Die Aufstellung der Weihnachtskrippe folgt dem Krippenkalender, der mit dem Kalender des Kirchenjahres und dem weltlichen Kalender nicht immer übereinstimmt!

Zeit	Kirchlich	Krippenfestkreis
4. Sonntag vor Hl. Abend	1. Adventkerze, der neue Anfang, die Verheißung des Propheten, Beginn des Krippenjahres.	Vorreiter werden aufgestellt - „das goldene Rössl" – der Prophet, viele Krippeler stellen die Hauskrippen auf
4. Dezember	Hl. Barbara	Barbarazweige
6. Dezember	Hl. Nikolaus	Nikolaus und Krampustag
8. Dezember	Maria Empfängnis	Mutter Anna erfährt von der Geburt ihrer Tochter Maria. Landeskrippentag Tirol
3. Sonntag vor Hl. Abend	2. Adventkerze	
15. Dezember	Herbergsuche, Umgang	Herbergsuche in die Krippe
2. Sonntag vor Hl. Abend	3. Adventkerze	
1. Sonntag vor Hl. Abend	4. Adventkerze	
21. Dezember	Thomastag (Apostel)	Der Nachtwächter mit der Laterne, der „Prophet"
24. Dezember	Heiliger Abend	Die Geburt Christi wird in die Krippe gestellt, Friedenslicht
25. Dezember	Christtag	Anbetung der Hirten

Zeit	Kirchlich	Krippenfestkreis
26. Dezember	Stephanitag	Steinigung des Hl. Stefan
28. Dezember	Tag der unschuldigen Kinder	Kindermord zu Bethlehem
31. Dezember	Sylvester, Jahreswechsel	Kaminkehrer auf der Brücke
1. Jänner	Neujahrstag	Die Weisen vor Herodes vor dem Tempel, Vorreiter der kommenden Könige
6. Jänner	Dreikönigsfest „Vollweihnachten" „Ende der Weihnachtszeit"	Anbetung der Weisen aus dem Morgenland
15. Jänner	Romedi	Krippenabbau in Thaur
2. Sonntag nach dem Dreikönigsfest		Hochzeit zu Kana, Aufstellung meist neben den Weihnachtskrippen.
20. Jänner	St .Sebastian	Krippenabbau in Inzing + Zirl
9 Tage vor Lichtmess		Flucht nach Ägypten wird in den Krippen aufgestellt
2. Feber	Maria Lichtmess, 40 Tage nach Weihnachten	Ende der Krippenzeit, Abbau aller Weihnachtskrippen, Kerzenweihe, Beschneidung Jesu im Tempel. Übergang von der Weihnachtszeit in die Fastenzeit.

Zum Abschied

Einst wie heute gehört das Anzünden der Adventkerzen, das Aufstellen der Weihnachtskrippe und das Aufrichten eines Christbaumes zum festen Bestandteil weihnachtlichen Erlebens in den
Familien ebenso wie in den Kirchen. Aber unsere Weihnachtskrippe ist uns das Liebste in dieser besinnlichen Zeit, und heute noch
ersetzt in manchen Bauernhöfen unserer Gebirgstäler die Krippe
den Weihnachtsbaum.

Die Weihnachtskrippe ist uns das Liebste in der
besinnlichsten Zeit

Mit diesem Buch wurde nur bereits allgemein Bekanntes ohne Anspruch auf Vollständigkeit zusammengestellt und für Krippenlieb-
haber in ein einfaches Sammelwerk gebracht. Sinn und Zweck ist
vor allem, das Weihnachtswunder mit seinen vielen Schilderungen
und Mysterien zu hinterfragen und dem tieferen Sinn nachzuspü-
ren. Ich hoffe, dass sich mancher Krippenfreund beim Krippenschauen dadurch zum Nachdenken angeregt fühlt, um auf die
Nachricht, die aus der Krippe kommt, zu hören.